Les finances publiques dans les constitutions
de la République démocratique du Congo

Notes de cours

Dirigée par Benjamin Mulamba Mbuyi

L'objet de la collection est de susciter les publications dont la vocation est double : d'une part offrir aux professeurs d'universités l'opportunité de publier leurs notes de cours, utilisées tout au long de leur carrière, et d'autre part offrir aux étudiants et chercheurs les outils de travail dont ils ont grandement besoin.

La collection s'adresse principalement aux étudiants et se propose d'envisager toutes les questions qui touchent tous les aspects de droit, de science politique et de relations internationales qui font l'objet d'un enseignement universitaire autonome.

Nous privilégierons la publication de manuels de grande qualité scientifique qui seront mis à la disposition des étudiants, régulièrement révisés comme des outils pédagogiques et utilisés dans un grand nombre d'institutions universitaires à travers le monde.

Déjà parus :

Kazumba K. TSHITEYA, *Introduction aux théories et doctrines politiques et sociales*, 2012.
Benjamin MULAMBA MBUYI, *Droit International Public, Les sources*, 2012.
Benjamin MULAMBA MBUYI, *Droit des Organisations Internationales*, 2012.

Floribert Nzuzi Makaya

Les finances publiques dans les constitutions

de la République démocratique du Congo

L'HARMATTAN

5-7, rue de l'École-Polytechnique ; 75005 Paris

http://www.librairieharmattan.com
diffusion.harmattan@wanadoo.fr
harmattan1@wanadoo.fr

ISBN : 978-2-296-96393-1
EAN : 9782296963931

Préface

Préfacer un ouvrage, c'est exactement faire la conjugaison d'un ouvrage dont on a été premier lecteur et, de le présenter aux autres lecteurs.

J'ai accepté à cœur joie de préfacer l'ouvrage de l'Assistant Floribert NZUZI MAKAYA, *Les finances publiques dans les constitutions de la République démocratique du Congo*, étant donné qu'il est, à ma connaissance, le premier à publier un Recueil des dispositions constitutionnelles sur cette matière. Avant lui, aucun chercheur n'a pensé à mettre à la disposition des étudiants, des avocats et des praticiens du droit un pareil recueil qui leur facilite l'accès aux dispositions constitutionnelles sur les finances publiques telles qu'elles sont retenues dans les différentes constitutions depuis l'entrée de la RD Congo dans le concert des nations libres jusqu'à ce jour.

Les finances publiques occupent une place importante dans les constitutions de notre pays, comme d'ailleurs dans toutes les constitutions des Etats modernes. Un bon constitutionnaliste est celui qui maîtrise la question des finances publiques. Les débats parlementaires, les plus longs, tournent toujours autour des questions du budget, c'est-à-dire des recettes et dépenses de l'Etat, de la Banque Centrale, de la Cour des Comptes, de l'Impôt... C'est ici que ce Recueil devient un outil pratique pour les hommes de la loi.

La constitution est une loi, et aucune loi n'est immuable. La notion d'un acte intangible demeure un non-sens pour les juristes. Le droit n'est pas une science exacte. En tant que juriste, je le sais. Il s'agit d'un art, d'une technique et les solutions auxquelles il conduit peuvent être discutées. L'auteur de ce Recueil laisse aux lecteurs le choix de suivre l'évolution de toutes les dispositions constitutionnelles et d'en tirer eux-mêmes des leçons.

Je souhaite à ce Recueil plein succès, et ne doute pas de son importance auprès des utilisateurs : hommes politiques, juristes, étudiants, avocats et professeurs d'université.

Boma, le 17 novembre 2010

Benjamin MULAMBA MBUYI
Professeur des Universités

Remerciements

Le présent ouvrage est le résultat des recherches de quelques années d'assistanat à l'Université Joseph KASA-VUBU.

Il serait prétentieux de faire croire que nos efforts seuls auraient suffi pour le réaliser. Nous nous sentons donc redevable envers tous ceux qui, de près ou de loin, ont permis de parachever ce Recueil. A cet effet, nous pensons d'abord au Recteur de l'Université KASA-VUBU, le Professeur THAMBA MVEMBA, qui ne cesse d'encourager ses Assistants à la recherche scientifique.

Notre gratitude s'adresse également à Madame Professeur Anastasie MASANGA MAPONDA et au Professeur Jean-Michel KUMBU ki NGIMBI, respectivement Secrétaire Général Académique et Doyen de la Faculté de Droit à la même Université, pour leur encadrement scientifique.

Nous ne pouvons limiter la liste de nos bienfaiteurs sans citer l'éminent professeur Benjamin MULAMBA MBUYI, qui a accepté volontiers de préfacer notre publication et d'en faire la promotion. Qu'il puisse trouver à travers ces quelques lignes l'expression de nos vifs sentiments de reconnaissance.

Floribert NZUZI MAKAYA

Introduction

La Constitution de la République Démocratique du Congo du 18 février 2006 organise les finances publiques au titre III, chapitre premier, section 5.

Son article 175 qui a fait couler beaucoup d'encre et de salive dispose, à son deuxième alinéa : « la part des recettes à caractère national allouées aux provinces est établie à 40%. Elle est retenue à la source »[1].

Cet article a fait l'objet de chaudes discussions dans les milieux politiques, du fait que les 40% allouées constitutionnellement aux provinces n'étaient pas perçus par celles-ci à la promulgation.

A la place de retenue à la source, le pouvoir central de la République a instauré la rétrocession qui a freiné l'élan du progrès au niveau des provinces.

Curieusement, pendant les discussions sur les finances publiques de la République Démocratique du Congo, très peu d'*Analystes* ont interrogé l'histoire politique de notre Etat par rapport aux finances publiques afin de pénétrer profondément la pensée du Pouvoir Constituant. L'une des raisons pourrait être la difficulté d'entrer en possession des textes constitutionnels anciens.

C'est donc à ce juste titre que nous avons pensé regrouper dans un seul manuel les dispositions relatives aux finances publiques telles que reprises dans les constitutions anciennes et actuelles afin de permettre au lecteur d'en tirer les leçons utiles à son intelligence.

Ce manuel est destiné en premier lieu aux étudiants des facultés de droit, de sciences sociales, politiques et administratives ainsi qu'à ceux des sciences économiques.

---

[1] *Voir la Constitution de la R.D. Congo de 2006.*

Il intéresse également les hommes politiques et toute personne dans le cadre d'une formation continue.

Il collecte les dispositions relatives aux finances publiques de notre Etat, contenues dans les constitutions promulguées. Cette restitution se fera en cinq chapitres :

Chapitre 1er. Les finances publiques selon la loi fondamentale du 19 mai 1960 ;

Chapitre 2. Les finances publiques selon la constitution de Luluabourg ;

Chapitre 3. Les finances publiques selon la constitution du 24 juin 1967 ;

Chapitre 4. Les finances publiques selon l'acte constitutionnel de la transition d'avril 1994 ;

Chapitre 5. Les finances publiques selon la constitution de la transition du 4 avril 2003 ;

Chapitre 6. Les finances publiques selon la constitution du 18 février 2006.

Nous serions très heureux d'obtenir de nos lecteurs remarques et observations en vue d'une édition plus enrichie et moins lacunaire.

Chapitre Ier.
Les finances publiques selon la loi fondamentale du 19 mai 1960

Section 1 - Aperçu général

Dans la Loi Fondamentale, les finances publiques sont organisées au titre VII, de l'article 237 à l'article 246 inclus. En somme, dix articles sont consacrés à la gestion des finances de l'Etat.

Cette loi consacre le principe selon lequel tout impôt au profit de l'Etat ne peut être établi que par une loi, tandis que celui des provinces est créé par un édit.

Elle donne au Président de la République le droit de frapper des espèces métalliques en or.

La Loi Fondamentale institue la Cour des Comptes. Cette Cour est chargée de l'examen et de la liquidation des comptes de l'administration générale et de tous comptables envers le trésor public. Elle examine si aucun article des dépenses du budget n'a été dépassé et si les virements et les dépenses supplémentaires ont été approuvés par la Loi.

Voici *in extenso* comment la Loi Fondamentale du 19 mai 1960 organise les finances de l'Etat.

Section 2 Dispositions de la Loi Fondamentale

Article 237 : Le franc est l'unité monétaire du Congo. Son poids en or est fixé par la loi. Sur cette base, le Chef de l'Etat a le droit de frapper des espèces métalliques en or dont il détermine le type, le diamètre, les empreintes et toutes les autres caractéristiques.

Article 238 : Aucun impôt au profit de l'Etat ne peut être établi que par une loi.

Aucun impôt provincial ne peut être établi que par un édit.

Article 239 : Les impôts au profit de l'Etat et des provinces sont votés annuellement.

Les lois et édits qui les établissent n'ont de force que pour un an, s'ils ne sont pas renouvelés.

Article 240 : Il ne peut être établi de privilège en matière d'impôts.

Nulle exemption ou modération d'impôts ne peut être établie que par une loi ou un édit.

Dans des cas urgents, le Chef de l'Etat ou le Président du gouvernement provincial peut accorder des exemptions ou modérations temporaires d'impôts sous réserve du dépôt dans un délai de trois mois, d'un projet de loi, d'édit d'approbation.

Article 241 : Le budget des recettes et des dépenses de l'Etat est arrêté chaque année par la loi. Celle-ci détermine la part des recettes perçues par l'Etat qui sera allouée à chaque province.

Si les Chambres peuvent voter le budget avant l'ouverture de l'exercice, la loi ouvre au gouvernement les crédits provisoires nécessaires.

L'État ne peut emprunter, garantir le capital ou les intérêts d'un emprunt, exécuter des travaux sur ressources extraordinaires que si une loi l'y autorise.

Dans la limite de l'emprunt autorisé et si le service du trésor l'exige, le Chef de l'Etat peut créer ou renouveler des bons du trésor portant intérêt et payables à une échéance qui ne dépassera pas cinq ans.

Article 242 : Le Chef de l'État ordonne les virements et, en cas de besoin urgent, les dépenses supplémentaires nécessaires.

Le ministre compétent transmet immédiatement une expédition de l'ordonnance à la Cour des Comptes visés à l'article 243, et dépose dans les quatre mois un projet de loi d'approbation.

Article 243 : Le compte du budget de l'État est arrêté par la loi. Une Cour des Comptes est instituée dont l'organisation sera réglée par la loi.

Cette Cour est chargée de l'examen et de la liquidation des comptes de l'administration générale et de tous comptables envers le trésor public. Elle examine si aucun article des dépenses du budget n'a été dépassé et si les virements et les dépenses supplémentaires ont été approuvés par la loi. Elle arrête les comptes de différentes administrations de l'Etat et des Chambres, de recueillir à cet effet, auprès des ministres compétents, tout renseignement et toute pièce comptable nécessaire.

Le compte général de l'Etat est communiqué aux Chambres avec les observations de la Cour.

Article 244 : Les Chambres déterminent le montant annuel de la liste civile venant du Chef de l'Etat, jusqu'à la mise en vigueur de la Constitution.

Article 245 : L'exercice budgétaire commence le 1er janvier et est clos le 31 mars de l'année suivante.

Article 246 : Sous réserve des articles 156(2) et 157(3), les dispositions des articles 241, 242 et 243

concernant les budgets, emprunts et comptes de l'Etat sont applicables aux budgets, emprunts et comptes de province, étant entendu que, dans ce

(2) Article 156 : *« Si l'édit budgétaire n'est pas adopté ni rendu exécutoire avant l'ouverture de l'exercice, l'Assemblée ouvre au Gouvernement provincial les crédits provisoires nécessaires. »*

(3) Article 157 : *« L'Assemblée peut, au nom de la province, contracter des emprunts dans les conditions qui seront déterminées par des dispositions particulières. »*

cas, les attributions conférées au Chef de l'Etat et aux Chambres sont exercées respectivement par le président du gouvernement provincial et l'assemblée provinciale.

Chapitre II.
Les finances publiques selon la constitution de Luluabourg

Section 1 - Aperçu général

La Constitution de Luluabourg a été promulguée le 1et août 1964. Elle organise les finances publiques au titre VIII, de l'article 139 à l'article 152. Elle distingue les finances de la République et celles des provinces.

La Banque Nationale a la garde des fonds publics. Elle est l'institut d'émission pour toute la République.

La Constitution du 1er août 1964 veut que l'impôt ne soit établi que par la loi. Selon l'article 144, seul le parlement peut établir les droits de douane, des impôts sur les revenus, des impôts sur les sociétés et des impôts personnels. Tous les autres impôts sur le revenu, y compris les droits d'accise et de consommation, peuvent être établis tant par le parlement que par les assemblées provinciales.

L'article 152 institue une Cour des Comptes composée de conseillers nommés à concurrence de la moitié par chacune des Chambres et dont le mandat est de six ans, renouvelable.

Pour être nommé conseiller à la Cour des Comptes, le candidat doit justifier d'une formation technique de niveau universitaire ou d'un niveau équivalent, reçue dans un institut d'enseignement supérieur ou dans une école supérieure de comptabilité, et avoir travaillé pendant cinq ans au moins dans un service financier. Voici *in extenso* comment la constitution de Luluabourg a organisé les finances publiques.

Section 2 - Dispositions constitutionnelles

Article 139 : Le franc est l'unité monétaire de la république. Il a le pouvoir libératoire sur tout le territoire de la république. Son poids en or est fixé par une loi nationale.

Tout projet ou proposition de loi modifiant la valeur du franc est soumis au préalable à l'avis du Conseil Economique et Social National et de la Commission Nationale des Finances.

Article 140 : Les finances de la République et des provinces sont distinctes.

Article 141 : La Banque Nationale a la garde des fonds publics.

Elle est l'institut d'émission pour toute la République.

L'organisation et le fonctionnement de la Banque Nationale sont régis par une loi nationale dont le projet ou proposition est préalablement soumis à l'avis de la Commission Nationale des Finances et du Conseil Economique et Social National.

Le service national des chèques postaux a son siège dans la capitale.

Chaque province peut y ouvrir un compte.

Les provinces où il n'existe aucune succursale ou agence de la Banque Nationale peuvent confier la garde de leurs fonds à une autre Banque.

Article 142 : Il ne peut être établi d'impôt que par la loi.

La contribution aux charges publiques constitue un devoir pour chaque citoyen.

Il ne peut être établi d'exemption ou allégement fiscaux que par une loi.

Article 143 : Les biens, les bénéfices ou revenus d'activités industrielles ou commerciales des provinces ne peuvent être assujettis par la République à aucun impôt ni ceux de la République par les provinces.

Toute imposition par les provinces, de marchandises importées, exportées ou faisant l'objet d'un commerce interprovincial est interdite.

Article 144 : Seul le parlement peut établir les droits de douane, des impôts sur le revenu, des impôts sur les sociétés et des impôts personnels.

Tous les autres impôts sur le revenu, y compris les droits d'accise et de consommation, peuvent être établis tant par le parlement que par les assemblées provinciales.

Article 145 : Les droits de douane, les droits d'accise et de consommation nationaux ainsi que les impôts sur les sociétés sont recouvrés par les autorités fiscales fédérales.

Sauf dispositions contraires de la législation fédérale, tous les autres impôts fédéraux sont recouvrés par les autorités fiscales provinciales. Cependant, le parlement peut, par une loi, déléguer à une province le pouvoir de recouvrer les droits d'accise et de consommation ou les impôts sur les sociétés. Une province peut, par une loi, déléguer à des collectivités locales le pouvoir de recouvrer les impôts sur son territoire.

Article 146 : 1. Le produit des droits d'importation appartient à la République.

2. Le produit des impôts personnels et des impôts sur les revenus appartient aux provinces intéressées.

3. Le produit des droits d'exportation, des droits d'accise et de consommation nationaux et des impôts sur les sociétés est réparti entre la République et les provinces de la manière suivante :

a) la quote-part d'une province déterminée varie entre un minimum de 45% et un maximum de 75% selon un taux progressif variant en fonction inverse du total desdits impôts ayant leur source dans la province intéressée.

Lorsque ce total est égal ou supérieur au montant maximum fixé par une loi nationale, la part revenant à la province intéressée est de 45% dudit total.

Lorsque ce total est inférieur ou égal au maximum fixé suivant les mêmes modalités, la part revenant à la province intéressée est de 75% dudit total.

La loi nationale visée aux deux alinéas précédents détermine les totaux d'impôts intermédiaires et les taux progressifs y afférents pour le calcul de la quote-part.

Par province intéressée, au sens de l'alinéa 1er du présent littera, il faut entendre :

- en ce qui concerne les droits d'exportation, la province d'où proviennent les produits exportés ;

- en ce qui concerne les droits d'accise et de consommation, la province où sont produites les matières importées, ou la province où sont consommées les matières importées.

- en ce qui concerne les impôts sur les sociétés, la province où se trouvent les sièges d'exploitation ayant réalisé les bénéfices imposés.

b) la part qui n'est pas attribuée à la province revient à la République.

4. Le produit de tous les autres impôts, droits et taxes, appartient aux provinces ou aux collectivités locales.

Article 147 : Chaque province peut consentir des baux fonciers ainsi que des concessions sur les mines et minéraux, y compris les huiles minérales.

- Tous les loyers et redevances provenant desdits baux et concessions sont payables au gouvernement central.

- Le gouvernement central verse à chaque province 50% du produit net des loyers et redevances qu'il perçoit sur les minéraux et les huiles minérales extraites sur le territoire de la province, y compris son plateau continental.

Article 148 : L'exercice budgétaire de la République et des provinces commence le 1er janvier et se termine le 31 décembre.

Le compte général de la République est arrêté par la loi nationale. Le compte général de chaque province est arrêté par une loi provinciale.

Article 149 : Chaque province assure elle-même l'équilibre de son budget ordinaire. Cependant, dans des cas exceptionnels et pour des raisons dûment justifiées, le parlement peut, par une loi, accorder une aide financière à une province pour équilibrer le budget ordinaire de celle-ci.

Article 150 : Sur proposition du Président de la République, le parlement peut, par une loi, autoriser l'intervention de la République dans les dépenses d'investissement d'une province.

Article 151 : La République ne peut emprunter ni garantir le principal ou les intérêts d'un emprunt ni exécuter des travaux sur des ressources extraordinaires que si une loi nationale l'y autorise.

Cependant, si les besoins du trésor l'exigent, le Président de la République peut, sans autorisation préalable, créer ou renouveler des bons du trésor portant intérêt et échéance de cinq ans au maximum.

Les provinces ne peuvent contracter aucun emprunt qui ne soit autorisé par une loi provinciale.

Article 152 : Il est institué dans la République une Cour des Comptes composée de conseillers nommés à concurrence de la moitié par chacune des Chambres et dont le mandat est de six ans et est renouvelable.

Pour être nommé conseiller à la Cour des Comptes, le candidat doit justifier d'une formation technique de niveau universitaire ou d'un niveau équivalent, reçue dans un institut d'enseignement supérieur ou dans une école supérieure de comptabilité, et avoir travaillé

pendant cinq ans au moins dans un service financier. L'organisation et le fonctionnement de la Cour des Comptes sont régis par une loi nationale.

Article 153 : La Cour des Comptes a pour mission :

1) d'examiner et liquider les comptes de l'administration centrale et des administrations provinciales, ainsi que les comptes de tous les comptables envers le trésor de la République et les trésors des provinces.

2) de contrôler les comptes des établissements publics de la République et des provinces, ainsi que les comptes des autres organismes et associations de droit public.

Elle s'assure que les crédits ouverts par les divers articles de dépenses n'ont pas été dépassés et que, le cas échéant, les budgets additionnels et les dépenses supplémentaires ont été approuvés conformément à la loi.

Elle arrête les comptes des différents services de la République ou des provinces et, à cet effet, elle demande aux autorités compétentes tous les renseignements et toutes les pièces nécessaires.

Le compte général de la République est soumis toutes les années au Parlement avec les observations de la Cour.

Les comptes généraux des provinces sont soumis tous les ans aux Assemblées Provinciales avec les observations de la Cour.

Article 154 : La Commission Nationale des Finances a pour tâche de faire des recommandations au Président de la République en ce qui concerne :

1) la répartition entre la République et les provinces du produit des impôts qu'elles partagent et l'attribution aux diverses provinces de la part qui leur revient ;

2) les principes sur lesquels le gouvernement doit se baser lorsqu'il envisage d'accorder les subventions à une province, en application de l'article 149.

3) toute autre question de nature financière ou économique que lui soumet le Président de la République. Le Président de la République communique tous les ans au Parlement diverses recommandations présentées par la Commission Nationale des Finances en application du présent article, en même temps qu'un mémoire explicatif sur la suite qui leur a été donnée.

Chapitre III. Les finances publiques selon la Constitution du 24 juin 1967

Section 1 – Aperçu général

La Constitution du 24 juin 1967 organise très sommairement les finances publiques de la République. Elle n'y consacre que deux articles. Il s'agit de l'article 66 et de l'article 67 du Titre V.

L'article 66 consacre le principe de la légalité de l'impôt ; l'article 67 institue la Cour des Comptes dont la composition, l'organisation et le fonctionnement sont repris par la loi.

Par ailleurs, la Constitution de 1967, appelée aussi la Constitution Révolutionnaire, a connu plus ou moins dix-huit révisions, dont deux ont organisé expressément les finances publiques.

Il s'agit de la loi n° 078-010 du 15 février 1978 portant révision de la Constitution, et de la loi n° 90-002 du 5 juillet 1990 portant révision de certaines dispositions de la Constitution.

Ces deux lois n'apportent pas grand-chose à l'organisation des finances publiques de la République par rapport au texte de 1967, sinon d'ajouter que « l'exercice budgétaire de la République commence le premier janvier et se termine le trente et un décembre ».

Voici *in extenso* comment la constitution du 24 juin 1967 et ses révisions précitées organisent les finances publiques.

Section 2 – Dispositions constitutionnelles

§ 1. Dispositions constitutionnelles selon le texte du 24 juin 1967

Article 66 : Il ne peut être établi d'impôt qu'en vertu de la loi. La contribution aux charges publiques constitue un devoir pour chaque citoyen. Il ne peut être établi d'exemption ou allégement fiscal qu'en vertu de la loi.

Article 67 : Il est institué dans la République une Cour des Comptes dont la composition, l'organisation et le fonctionnement sont régis par la loi.

Les Conseillers à la Cour sont nommés par le Président de la République. La Cour contrôle, dans les conditions fixées par la loi qui l'a organisée, la gestion des finances publiques.

§ 2. Dispositions constitutionnelles selon la loi n°78-010 du 15 février 1978

Article 104 : Il ne peut être établi d'impôt qu'en vertu de la loi. La Contribution aux charges publiques constitue un devoir pour chaque citoyen et chaque habitant de la République Démocratique du Congo.

Il ne peut être établi d'exemption ou allègement fiscal qu'en vertu de la loi.

Article 105 : Il est institué dans la République une Cour des Comptes. La Cour des Comptes contrôle dans les conditions fixées par la loi, la gestion des finances publiques et les comptes de tous les organes d'Etat.

Les membres de la Cour des Comptes sont nommés par le Président de la République.

La loi fixe la composition, l'organisation et le fonctionnement de la Cour des Comptes.

Article 106 : L'exercice budgétaire de la République commence le premier janvier et se termine le trente et un décembre.

Le compte général de la République est arrêté par la loi. Il est soumis chaque année au Conseil Législatif par la Cour des Comptes avec ses observations.

§ 3. Dispositions constitutionnelles selon la loi n°90-002 du 5 juillet 1990

Article 107 : Il est institué dans la République une Cour des Comptes. La Cour des Comptes contrôle, dans les conditions fixées par la loi, la gestion des finances publiques et les comptes de tous les organes d'Etat.

Elle relève de l'Assemblée Nationale.

Les membres de la Cour des Comptes sont nommés par le Président de la République.

La loi fixe la composition, l'organisation et le fonctionnement de la Cour des Comptes.

Article 108 : L'exercice budgétaire de la République commence le premier janvier et se termine le trente et un décembre.

Le compte général de la République est soumis chaque année à l'Assemblée Nationale par la Cour des Comptes avec ses observations. Il est arrêté par la loi.

Chapitre IV.
Les finances publiques selon l'acte constitutionnel de la transition d'avril 1994

Section 1 - Aperçu général

L'Acte Constitutionnel de la Transition organise les finances publiques au titre V, de l'article 106 à l'article 109. Soit quatre articles ont été consacrés dans cette Constitution à la gestion des finances de l'Etat.

Dans l'article 106, cette Constitution voudrait que le compte général de la République soit soumis chaque année au Haut Conseil de la République – Parlement de Transition par la Cour des Comptes avec ses observations.

A l'article 107, à l'instar de toutes les Constitutions de la République, la Constitution de la Transition consacre la légalité de l'impôt.

A l'article 108, l'Acte Constitutionnel de la Transition organise la Cour des Comptes, et organise à l'article 109 la Banque du Zaïre comme Banque Centrale de la République.

Voici *in extenso* comment l'Acte Constitutionnel de la Transition organise les finances de l'Etat.

Section 2 - Dispositions constitutionnelles

Article 106 : L'exercice budgétaire de la République commence le premier janvier et se termine le 31 décembre.

Le compte général de la République est soumis chaque année au Haut Conseil de la République – Parlement de Transition par la Cour des Comptes avec ses observations.

Le compte général de la République est arrêté par la loi.

Article 107 : Il ne peut être établi d'impôt qu'en vertu de la loi.

La contribution aux charges publiques constitue un devoir pour chaque citoyen et chaque habitant de la République du Zaïre.

Il ne peut être établi d'exemption ou d'allègement fiscal qu'en vertu de la loi.

Article 108 : Il est institué dans la République une Cour des Comptes. La Cour des Comptes contrôle, dans les conditions fixées par la loi, la gestion des finances publiques et les comptes de toutes les entreprises et organismes publics.

Elle relève du Haut Conseil de la République – Parlement de Transition.

Les membres de la Cour des Comptes sont nommés, relevés de leurs fonctions et, le cas échéant, révoqués, par le Président de la République sur proposition du Haut Conseil de la République – Parlement de Transition.

La loi fixe la composition, l'organisation et le fonctionnement de la Cour des Comptes.

Articler 109 : La Banque du Zaïre est la Banque Centrale de la République. Elle est l'institut d'émission et l'autorité monétaire du pays. Elle joue le rôle de caissier de l'Etat et de Conseiller du Gouvernement en matière économique, financière et monétaire.

Sans préjudice des dispositions de l'article 59[4], la loi fixe l'organisation et le fonctionnement de la Banque du Zaïre.

---

[4] Article 59 : « La loi fixe :

1. Les règles concernant notamment :

- les droits civiques et les garanties accordées aux citoyens pour l'exercice des libertés publiques ;
- les sujétions imposées aux citoyens en leur personne pour la défense nationale et le développement ainsi qu'en leurs biens ;

- la nationalité, l'état et la capacité des personnes, les régimes matrimoniaux, les successions et les libéralités ;
- la détermination des infractions ainsi que les peines qui leur sont applicables ;
- l'amnistie ;
- le statut des magistrats et le régime juridique du Conseil Supérieur de la Magistrature ;
- la procédure suivie devant les juridictions ;
- les droits de la défense ;
- l'assiette, le taux et les modalités de recouvrement des impôts ;
- les emprunts et les engagements financiers de l'Etat et des Régions ;
- le régime d'émission de la monnaie ;
- la création des établissements publics ;
- le statut de la Fonction Publique ;
- le Droit du Travail et de la Sécurité Sociale ;
- l'autonomie de la gestion administrative et financière du Haut Conseil de la République – Parlement de Transition ;
- le plan de développement économique et social ;
- les obligations civiles et les droits commerciaux ;
- l'organisation de la défense nationale, le mode de recrutement des membres des Forces Armées, l'avancement, les droits et obligations des militaires ;
- le régime des élections.

2. Les principes fondamentaux :
- de la décentralisation ;
- de la nationalisation, de la dénationalisation et de la privatisation d'entreprises ;
- du régime foncier et minier ;
- de la mutualité et de l'épargne ;
- de l'enseignement et de la santé ;
- du régime pénitentiaire ;
- du pluralisme politique et syndical ;
- du droit de grève ;
- de l'organisation des médias publics ;
- de la recherche scientifique ;
- de la coopérative ;
- de la culture et des arts ;
- des sports et loisirs. »

Chapitre V. Les finances publiques selon la Constitution de la transition du 4 avril 2003

Section 1 – Aperçu général

La Constitution de la Transition organise les finances publiques dans son troisième chapitre en trois sections.

La première section est consacrée aux dispositions générales. Cette section, à l'instar des dispositions constitutionnelles vues précédemment, consacre la légalité de l'impôt.

La deuxième section institue la Cour des Comptes. Elle relève de l'Assemblée Nationale. Ses membres sont nommés, relevés de leurs fonctions et, le cas échéant, révoqués par le Président de la République sur proposition de l'Assemblée Nationale.

La troisième section organise la Banque Centrale du Congo. Celle-ci est l'institut d'émission monétaire de la République Démocratique du Congo, jouit de l'autonomie de gestion, et est soumise à la tutelle du ministère ayant les finances dans ses attributions.

L'article 169 de la Constitution de la Transition confie les charges ci-après à la Banque Centrale du Congo :

- veiller à la garde des fonds publics ;
- veiller à la sauvegarde et la stabilité monétaire ;
- veiller à la définition et la mise en œuvre de la politique monétaire ;
- veiller au contrôle de l'ensemble de l'activité bancaire.

Voici *in extenso* comment la Constitution du 4 avril 2003 organise les finances publiques.

Section 2 - Dispositions constitutionnelles

Article 161 : Le franc congolais est l'unité monétaire de la République Démocratique du Congo. Il a le pouvoir libératoire sur tout le territoire national.

Article 162 : L'exercice budgétaire de la République commence le premier janvier et se termine le trente et un décembre.

Article 163 : Le compte général de la République est soumis chaque année à l'Assemblée Nationale par la Cour des Comptes avec ses observations.

Le compte général de la République est arrêté par la loi.

Article 164 : Il ne peut être établi d'impôt qu'en vertu de la loi.

La contribution aux charges publiques constitue un devoir pour chaque citoyen et chaque habitant de la République Démocratique du Congo.

Il ne peut être établi d'exemption ou d'allègement fiscal qu'en vertu de la loi.

Article 165 : La Cour des Comptes contrôle, dans les conditions fixées par la loi, la gestion des finances et les comptes de tous les organismes et entreprises publics.

Article 166 : La Cour des Comptes relève de l'Assemblée Nationale.

Les membres de la Cour des Comptes sont nommés, relevés de leurs fonctions et, le cas échéant, révoqués par le Président de la République sur proposition de l'Assemblée Nationale.

Article 167 : La loi fixe la composition, l'organisation et le fonctionnement de la Cour des Comptes.

Article 168 : La Banque Centrale du Congo est l'institut d'émission monétaire de la République Démocratique du Congo.

La Banque Centrale du Congo jouit de l'autonomie de gestion.

Elle est soumise à la tutelle du ministère ayant les finances dans ses attributions.

Article 169 : La Banque Centrale du Congo veille à :

- la garde des fonds publics ;
- la sauvegarde et la stabilité monétaire ;
- la définition et la mise en œuvre de la politique monétaire ;
- au contrôle de l'ensemble de l'activité bancaire.

Article 170 : La Banque Centrale du Congo est le conseiller économique et financier du gouvernement.

Article 171 : Le gouverneur de la Banque Centrale du Congo est entendu par l'Assemblée Nationale chaque fois qu'il en est requis.

Article 172 : L'organisation et le fonctionnement de la Banque Centrale du Congo sont fixés par une loi organique.

Chapitre VI. Les finances publiques selon la Constitution du 18 février 2006

Section 1 – Aperçu général

La Constitution de la République Démocratique du Congo du 18 février 2006, appelée aussi *Constitution de la Troisième République*, distingue les finances du pouvoir central à celles des provinces.

A l'instar des Constitutions qui l'ont précédé, elle consacre la légalité de l'impôt.

Par ailleurs, elle dispose, à son article 175 : « le budget des recettes et des dépenses de l'Etat, à savoir celui du pouvoir central et des provinces, est arrêté chaque année par une loi.

La part des recettes à caractère national allouées aux provinces est établie à 40%. Elle est retenue à la source».

La Constitution du 18 février 2006 organise la Banque Centrale du Congo. Elle lui attribue la mission suivante :

- la garde des fonds publics ;
- la sauvegarde et la stabilité monétaire ;
- la définition et la mise en œuvre de la politique monétaire ;
- le contrôle de l'ensemble de l'activité bancaire ;
- de conseil économique et financier du gouvernement.

La Constitution de la Troisième République accorde à la Banque Centrale du Congo l'indépendance et l'autonomie de gestion dans l'accomplissement de sa mission.

Enfin, la Constitution du 18 février 2006 organise la Cour des Comptes et la Caisse Nationale de Péréquation. Cette dernière a pour mission de financer des projets et programmes d'investissement public, en vue d'assurer la solidarité nationale et de corriger le déséquilibre du développement entre les provinces d'une part, et d'autre part entre les autres entités territoriales décentralisées.

Voici comment la Constitution de la Troisième République organise les finances publiques, *in extenso*.

Section 2 - Dispositions constitutionnelles

§ 1. Dispositions générales

Article 170 : Le franc congolais est l'unité monétaire de la République Démocratique du Congo. Il a le pouvoir libératoire sur tout le territoire national.

Article 171 : Les finances du pouvoir central et celles des provinces sont distinctes.

Article 172 : L'exercice budgétaire commence le premier janvier et se termine le 31 décembre.

Article 173 : Le compte général de la République est soumis chaque année au Parlement par la Cour des Comptes avec ses observations.

Le compte général de la République est arrêté par la loi.

Article 174 : Il ne peut être établi d'impôts que par la loi.

La contribution aux charges publiques constitue un devoir pour toute personne vivant en République Démocratique du Congo. Il ne peut être établi d'exemption ou d'allègement fiscal qu'en vertu de la loi.

Article 175 : Le budget des recettes et des dépenses de l'Etat, à savoir celui du pouvoir central et des provinces, est arrêté chaque année par une loi.

La part des recettes à caractère national allouées aux provinces est établie à 40%. Elle est retenue à la source. La loi fixe la nomenclature des autres recettes locales et la modalité de leur répartition.

§ 2. De la Banque Centrale

Article 176 : La Banque Centrale du Congo est l'institut d'émission de la République Démocratique du Congo. A ce titre, elle a pour mission :

1. la garde des fonds publics ;
2. la sauvegarde et la stabilité monétaire ;
3. la définition et la mise en œuvre de la politique monétaire ;
4. le contrôle de l'ensemble de l'activité bancaire ;
5. de conseil économique et financier du Gouvernement.

Dans la réalisation de ces missions et attributions, la Banque Centrale du Congo est indépendante et jouit de l'autonomie de gestion.

Article 177 : L'organisation et le fonctionnement de la Banque Centrale du Congo sont fixés par une loi organique.

§ 3. De la Cour des Comptes

Article 178 : Il est institué en République une Cour des Comptes.

La Cour des Comptes relève de l'Assemblée Nationale.

Les membres de la Cour des Comptes sont nommés, relevés de leurs fonctions et, le cas échéant, révoqués par le Président de la République, après avis de l'Assemblée Nationale.

Les membres de la Cour des Comptes doivent justifier d'une haute qualification en matière financière, juridique ou administrative et d'une expérience professionnelle d'au moins dix ans.

Article 179 : La composition, l'organisation et le fonctionnement de la Cour des Comptes sont fixés par une loi organique.

Article 180 : La Cour des Comptes contrôle, dans les conditions fixées par la loi, la gestion des finances de l'Etat, des biens publics, ainsi que les comptes des provinces, des entités territoriales décentralisées ainsi que des organismes publics.

Elle publie, chaque année, un rapport remis au Président de la République, au Parlement et au Gouvernement.

Le rapport est publié au Journal officiel.

§ 4. De la Caisse nationale de péréquation

Article 181 : Il est institué une Caisse Nationale de Péréquation. Elle est dotée de la personnalité juridique.

La Caisse Nationale de Péréquation a pour mission de financer des projets et programmes d'investissement public, en vue d'assurer la solidarité nationale et de corriger le déséquilibre de développement entre les provinces et entre les autres entités territoriales décentralisées.

Elle dispose d'un budget alimenté par le Trésor public à concurrence de dix pour cent de la totalité des recettes à caractère national revenant à l'Etat chaque année.

Elle est placée sous la tutelle du Gouvernement.

Une loi organique fixe son organisation et son fonctionnement.

Conclusion

Après avoir parcouru toutes les dispositions constitutionnelles de la République, nous nous rendons compte que notre Etat ne souffre pas d'un déficit des textes régissant les finances publiques. Car les principes et mécanismes pour une bonne gestion de ce secteur ont été mis en œuvre à travers différentes constitutions que notre Etat a promulguées.

Parmi ces principes et mécanismes, nous pouvons citer :

- le principe de la légalité de l'impôt ;
- la répartition des compétences entre le Pouvoir Central et les provinces en matière de finances publiques ;
- l'organisation de la Cour des Comptes ;
- l'organisation de la Banque Centrale ;
- la Caisse de Péréquation.

Ces principes et mécanismes, appliqués correctement, auraient permis à notre Etat de prendre le chemin du développement.

Pendant que plusieurs Etats africains s'alignent sur ce chemin développement, nos politiques s'intéressent encore aux querelles sans valeur et se spécialisent dans le domaine du non-respect des textes.

Nous estimons que l'application correcte des dispositions constitutionnelles en matière de finances publiques est un atout nécessaire pour accéder au développement et au progrès.

Par ailleurs, nous croyons avoir mis à la disposition des praticiens de droit et des scientifiques un outil important, traçant l'histoire des finances publiques de la RD Congo, autour duquel pourrait tourner leur réflexion.

Bibliographie

Textes officiels

1. ***Acte Constitutionnel de la Transition***, Journal Officiel, Numéro spécial, avril 1994.
2. ***Constitution de la Transition***, Journal Officiel, Numéro spécial, avril 2003.
3. ***La Constitution de la République Démocratique du Congo***, Journal Officiel, Numéro spécial, février 2006.

Ouvrages

1. Édouard MPONGO-BOKAKO, ***Institutions publiques et Droit constitutionnel***, Éditions Universitaires Africaines, 2001.
2. Greg BAKANDEJA Wa MPUNGU, ***Droits des finances publiques,*** *édition NORAF, 1997.*
3. Jean-Marie ABOLIA, ***Finances et comptabilité de l'État en République Démocratique du Congo, Principes pratiques et perspectives***, B.E.S.I.F., janvier 2005.
4. IYEZELA MOJU-MBEY, ***Recueil des textes constitutionnels***, ISE-CONSULT, 1991.
5. KIBUEY MULAMBU, ***Le budget de l'État***, ECAS-IRES, ***Règles et techniques de gestion***, 1988.

Assemblée nationale
Constitution de la République Démocratique du Congo
Kinshasa, Février 2006

EXPOSE DES MOTIFS

Depuis son indépendance, le 30 juin 1960, la République Démocratique du Congo est confrontée à des crises politiques récurrentes dont l'une des causes fondamentales est la contestation de la légitimité des Institutions et de leurs animateurs.

Cette contestation a pris un relief particulier avec les guerres qui ont déchiré le pays de 1996 à 2003.

En vue de mettre fin à cette crise chronique de légitimité et de donner au pays toutes les chances de se reconstruire, les délégués de la classe politique et de la Société civile, forces vives de la Nation, réunis en Dialogue intercongolais, ont convenu, dans l'Accord Global et Inclusif signé à Pretoria en Afrique du Sud le 17 décembre 2002, de mettre en place un nouvel ordre politique, fondé sur une nouvelle Constitution démocratique sur base de laquelle le peuple congolais puisse choisir souverainement ses dirigeants, au terme des élections libres, pluralistes, démocratiques, transparentes et crédibles.

A l'effet de matérialiser la volonté politique ainsi exprimée par les participants au Dialogue intercongolais, le Sénat, issu de l'Accord Global et Inclusif précité, a déposé, conformément à l'article 104 de la Constitution de la transition, un avant-projet de la nouvelle Constitution à l'Assemblée nationale qui l'a adopté sous forme de projet de Constitution soumis au référendum populaire.

La Constitution ainsi approuvée s'articule pour l'essentiel autour des idées forces ci-après :

1. DE L'ETAT ET DE LA SOUVERAINETÉ

Dans le but d'une part, de consolider l'unité nationale mise à mal par des guerres successives et, d'autre part, de créer des centres d'impulsion et de développement à la base, le constituant a structuré administrativement l'Etat congolais en 25 provinces plus la ville de Kinshasa dotées de la personnalité juridique et exerçant des compétences de proximité énumérées dans la présente Constitution.

En sus de ces compétences, les provinces en exercent d'autres concurremment avec le pouvoir central et se partagent les recettes nationales avec ce dernier respectivement à raison de 40 et de 60 %.

En cas de conflit de compétence entre le pouvoir central et les provinces, la Cour constitutionnelle est la seule autorité habilitée à les départager.

Au demeurant, les provinces sont administrées par un Gouvernement provincial et une Assemblée provinciale. Elles comprennent, chacune, des entités territoriales décentralisées qui sont la ville, la commune, le secteur et la chefferie.

Par ailleurs, la présente Constitution réaffirme le principe démocratique selon lequel tout pouvoir émane du peuple en tant que souverain primaire.

Ce peuple s'exprime dans le pluralisme politique garanti par la Constitution qui érige, en infraction de haute trahison, l'institution d'un parti unique.

En ce qui concerne la nationalité, le constituant maintient le principe de l'unicité et de l'exclusivité de la nationalité congolaise.

2. DES DROITS HUMAINS, DES LIBERTES FONDAMENTALES ET DES DEVOIRS DU CITOYEN ET DE L'ETAT

Le constituant tient à réaffirmer l'attachement de la République Démocratique du Congo aux Droits humains et aux libertés fondamentales tels que proclamés par les instruments juridiques internationaux auxquels elle a adhéré.

Aussi, a-t-il intégré ces droits et libertés dans le corps même de la Constitution.
A cet égard, répondant aux signes du temps, l'actuelle Constitution introduit une innovation de taille en formalisant la parité homme-femme.

3. DE L'ORGANISATION ET DE L'EXERCICE DU POUVOIR.

Les nouvelles Institutions de la République Démocratique du Congo sont: le Président de la République ;
- le Parlement ;
- le Gouvernement ;
- les Cours et Tribunaux.

Les préoccupations majeures qui président à l'organisation de ces Institutions sont les suivantes:
1. assurer le fonctionnement harmonieux des Institutions de l'Etat ;
2. éviter les conflits ;
3. instaurer un Etat de droit ;
4. contrer toute tentative de dérive dictatoriale ;
5. garantir la bonne gouvernance ;
6. lutter contre l'impunité ;
7. assurer l'alternance démocratique.

C'est pourquoi, non seulement le mandat du Président de la République n'est renouvelable qu'une seule fois, mais aussi, il exerce ses prérogatives de garant de la Constitution, de l'indépendance nationale, de l'intégrité territoriale, de la souveraineté nationale, du respect des accords et traités internationaux ainsi que celles de régulateur et d'arbitre du fonctionnement normal des Institutions de la République avec l'implication du Gouvernement sous le contrôle du Parlement. Les actes réglementaires qu'il signe dans les matières relevant du Gouvernement ou sous gestion ministérielle sont couverts par le contreseing du Premier ministre qui en endosse la responsabilité devant l'Assemblée nationale. Bien plus, les affaires étrangères, la défense et la sécurité, autrefois domaines réservés du Chef de l'Etat, sont devenues des domaines de collaboration. Cependant, le Gouvernement, sous l'impulsion du Premier ministre, demeure le maître de la conduite de la politique de la Nation qu'il définit en concertation avec le Président de la République. Il est comptable de son action devant l'Assemblée nationale qui peut le sanctionner collectivement par l'adoption d'une motion de censure. L'Assemblée nationale peut, en outre, mettre en cause la responsabilité individuelle des membres du Gouvernement par une motion de défiance. Réunis en Congrès, l'Assemblée nationale et le Sénat ont la compétence de déférer le Président de la République et le Premier ministre devant la Cour constitutionnelle, notamment pour haute trahison et délit d'initié. Par ailleurs, tout en jouissant du monopole du pouvoir législatif et du contrôle du Gouvernement, les parlementaires ne sont pas au-dessus de la loi ; leurs immunités peuvent être levées et l'Assemblée nationale peut être dissoute par le Président de la République en cas de crise persistante avec le Gouvernement. La présente Constitution réaffirme l'indépendance du pouvoir judiciaire dont les membres sont gérés par le Conseil supérieur de la magistrature désormais composé des seuls magistrats. Pour plus d'efficacité, de spécialité et de célérité dans le traitement des dossiers, les Cours et Tribunaux ont été éclatés en trois ordres juridictionnels:

- Les juridictions de l'ordre judiciaire placées sous le" contrôle de la Cour de cassation ;
- celles de l'ordre administratif coiffées par le Conseil d'Etat et
- la Cour constitutionnelle.

Des dispositions pertinentes de la Constitution déterminent la sphère d'action exclusive du pouvoir central et des provinces ainsi que la zone concurrente entre les deux échelons du pouvoir d'Etat. Pour assurer une bonne harmonie entre les provinces elles-mêmes d'une part, et le pouvoir central d'autre part, il est institué une Conférence des Gouverneurs présidée par le Chef de l'Etat et dont le rôle est de servir de conseil aux deux échelons de l'Etat. De même, le devoir de solidarité entre les différentes composantes de la Nation exige l'institution de la Caisse nationale de péréquation placée sous la tutelle du Gouvernement. Compte tenu de l'ampleur et de la complexité des problèmes de développement économique et social auxquels la République Démocratique du Congo est confrontée, le constituant crée le Conseil économique et social, dont la mission est de donner des avis consultatifs en la matière au Président de la République, au Parlement et au Gouvernement. Pour garantir la démocratie en République Démocratique du Congo, la présente Constitution retient deux institutions d'appui à la démocratie, à savoir la Commission électorale nationale indépendante chargée de l'organisation du processus électoral de façon permanente et le Conseil supérieur de l'audiovisuel et de la communication dont la mission est d'assurer la liberté et la protection de la presse ainsi que de tous les moyens de communication des masses dans le respect de la loi.

4. DE LA REVISION CONSTITUTIONNELLE

Pour préserver les principes démocratiques contenus dans la présente Constitution contre les aléas de la vie politique et les révisions intempestives, les dispositions relatives à la forme républicaine de l'Etat, au principe du suffrage universel, à la forme représentative du Gouvernement, au nombre et à la durée des mandats du Président de la République, à l'indépendance du pouvoir judiciaire, au pluralisme politique et syndical ne peuvent faire l'objet d'aucune révision constitutionnelle. Telles sont les lignes maîtresses qui caractérisent la présente Constitution. Le Sénat a proposé ; l'Assemblée Nationale a adopté ; Le peuple congolais, lors du référendum organisé du 18 au 19 décembre 2005, a approuvé ; Le Président de la République promulgue la Constitution dont la teneur suit:

PREAMBULE

Nous, Peuple congolais, Uni par le destin et par l'histoire autour de nobles idéaux de liberté, de fraternité, de solidarité, de justice, de paix et de travail, Animé par notre volonté commune de bâtir, au cœur de l'Afrique, un Etat de droit et une Nation puissante et prospère, fondée sur une véritable démocratie politique, économique, sociale et culturelle,' Considérant que l'injustice avec ses corollaires, l'impunité, le népotisme, le régionalisme, le tribalisme, le clanisme et le clientélisme, par leurs multiples vicissitudes, sont à l'origine de l'inversion générale des valeurs et de la ruine du pays,' Affirmant notre détermination à sauvegarder et à consolider l'indépendance et l'unité nationales dans le respect de nos diversités et de nos particularités positives,' 5 Réaffirmant notre adhésion et notre attachement à la Déclaration Universelle des Droits de l'Homme, à la Charte Africaine des Droits de l'Homme et des Peuples, aux Conventions des Nations Unies sur les Droits de l'Enfant et sur les Droits de la Femme, particulièrement à l'objectif de la parité de représentation homme-femme au sein des institutions du pays ainsi qu'aux instruments internationaux relatifs à la protection et à la promotion des droits humains,' Mû par la volonté de voir tous les Etats Africains s'unir et travailler de concert en vue de promouvoir et de consolider l'unité africaine à travers les organisations continentales, régionales ou sous-régionales pour offrir de meilleures perspectives de développement et de progrès socio-économique aux Peuples d'Afrique,' Attaché à la promotion d'une coopération internationale mutuellement avantageuse et au rapprochement des peuples du monde, dans le respect de leurs identités respectives et des principes de la souveraineté et de l'intégrité territoriale de chaque Etat,' Réaffirmant notre droit inaliénable et imprescriptible de nous organiser librement et de développer notre vie politique, économique, sociale et culturelle, selon notre génie propre,' Conscients de nos responsabilités devant Dieu, la Nation, l'Afrique et le

Monde,' Déclarons solennellement adopter la présente Constitution.

TITRE 1er:
DES DISPOSITIONS GENERALES

Chapitre 1er: De l'Etat et de la Souveraineté

Section 1ère: De l'Etat

Article 1er

La République Démocratique du Congo est, dans ses frontières du 30 juin 1960, un Etat de droit, indépendant, souverain, uni et indivisible, social, démocratique et laïc. Son emblème est le drapeau bleu ciel, orné d'une étoile jaune dans le coin supérieur gauche et traversé en biais d'une bande rouge finement encadrée de jaune. Sa devise est « Justice - Paix - Travail ». Ses armoiries se composent d'une tête de léopard encadrée à gauche et, à droite, d'une pointe d'ivoire et d'une lance, le tout reposant sur une pierre. Son hymne est le « Debout Congolais !» Sa monnaie est « le Franc congolais ». Sa langue officielle est le français. Ses langues nationales sont le kikongo, le lingala, le swahili et le tshiluba. L'Etat en assure la promotion sans discrimination. Les autres langues du pays font partie du patrimoine culturel congolais dont l'Etat assure la protection.

Article 2

La République Démocratique du Congo est composée de la ville de Kinshasa et de 25 provinces dotées de la personnalité juridique. Ces provinces sont: Bas-Uele, Equateur, Haut-Lomami, Haut-Katanga, Haut-Uele, Ituri, Kasai, Kasai Oriental, Kongo central, Kwango, Kwilu, Lomami, Lualaba, Kasaï Central, Mai- Ndombe, Maniema, Mongala, Nord-Kivu, Nord¬Ubangi, Sankuru, Sud-Kivu, Sud-Ubangi, Tanganyika, Tshopo, Tshuapa. Kinshasa est la capitale du pays et le siège des institutions nationales. Elle a le statut de province. La capitale ne peut être transférée dans un autre lieu du pays que par voie de référendum. La répartition des compétences entre l'Etat et les provinces s'effectué conformément aux dispositions du Titre III de la présente Constitution. Les limites des provinces et celles de la ville de Kinshasa sont fixées par une loi organique.

Article 3

Les provinces et les entités territoriales décentralisées de la République Démocratique du Congo sont dotées de la personnalité juridique et sont gérées par les organes locaux. Ces entités territoriales décentralisées sont la ville, la commune, le secteur et la chefferie. Elles jouissent de la libre administration et de l'autonomie de gestion de leurs ressources économiques, humaines, financières et techniques. 7 La composition, l'organisation, le fonctionnement de ces entités• territoriales décentralisées ainsi que leurs rapports avec l'Etat et les provinces sont fixés par une loi organique.

Article 4

De nouvelles provinces et entités territoriales peuvent être créées par démembrement ou par regroupement dans les conditions fixées par la Constitution et par la loi.

Section 2 : De la Souveraineté

Article 5

La souveraineté nationale appartient au peuple. Tout pouvoir émane du peuple qui l'exerce directement par voie de référendum ou d'élections et indirectement par ses représentants. Aucune fraction du peuple ni aucun individu ne peut s'en attribuer l'exercice. La loi fixe les conditions d'organisation des élections et du référendum. Le suffrage est universel, égal et secret. Il est direct ou indirect. Sans préjudice des dispositions des articles 72, 102 et 106 de la présente Constitution, sont électeurs et éligibles, dans les conditions déterminées par la loi, tous les Congolais de deux sexes, âgés de dix-huit ans révolus, et jouissant de leurs droits civils et politiques.

Article 6
Le pluralisme politique est reconnu en République Démocratique du Congo. Tout Congolais jouissant de ses droits civils et politiques a le droit de créer un parti politique ou de s'affilier à un parti de son choix. Les partis politiques concourent à l'expression du suffrage, au renforcement de la conscience nationale et à l'éducation civique. Ils se forment et exercent librement leurs activités dans le respect de la loi, de l'ordre public et des bonnes mœurs. Les partis politiques sont tenus au respect des principes de démocratie pluraliste, d'unité et de souveraineté nationales. Les partis politiques peuvent recevoir de l'Etat des fonds publics destinés à financer leurs campagnes électorales ou leurs activités, dans les conditions définies par la loi.
Article 7
Nul ne peut instituer, sous quelque forme que ce soit, de parti unique sur tout ou partie du territoire national. L'institution d'un parti unique constitue une infraction imprescriptible de haute trahison punie par la loi.
Article 8
L'opposition politique est reconnue en République Démocratique du Congo. Les droits liés à son existence, à ses activités et à sa lutte pour la conquête démocratique du pouvoir sont sacrés. Ils ne peuvent subir de limites que celles imposées à tous les partis et activités politiques par la présente Constitution et la loi. Une loi organique détermine le statut de l'opposition politique. 8
Article 9
L'Etat exerce une souveraineté permanente notamment sur le sol, le sous-sol, les eaux et les forêts, sur les espaces aérien, fluvial, lacustre et maritime congolais ainsi que sur la mer territoriale congolaise et sur le plateau continental. Les modalités de gestion et de concession du domaine de l'Etat visé à l'alinéa précédent sont déterminées par la loi.

Chapitre 2 : De la Nationalité

Article 10

La nationalité congolaise est une et exclusive. Elle ne peut être détenue concurremment avec "aucune autre. La nationalité congolaise est soit d'origine, soit d'acquisition individuelle. Est Congolais d'origine, toute personne appartenant aux groupes ethniques dont les personnes et le territoire constituaient ce qui est devenu le Congo (présentement la République Démocratique du Congo) à l'indépendance. Une loi organique détermine les conditions de reconnaissance, d'acquisition, de perte et de recouvrement de la nationalité congolaise.

TITRE II :
DES DROITS HUMAINS, DES LIBERTES FONDAMENTALES ET DES DEVOIRS DU CITOYEN ET DE L'ETAT

Chapitre 1er: Des Droits civils et politiques

Article 11

Tous les êtres humains naissent libres et égaux en dignité et en droits. Toutefois, la jouissance des droits politiques est reconnue aux seuls Congolais, sauf exceptions établies par la loi.

Article 12

Tous les Congolais sont égaux devant la loi et ont droit à une égale protection des lois.

Article 13

Aucun Congolais ne peut, en matière d'éducation et d'accès aux fonctions publiques ni en aucune autre matière, faire l'objet d'une mesure discriminatoire, qu'elle résulte de la loi ou d'un acte de l'exécutif, en raison de sa religion, de son origine familiale, de sa condition sociale, de sa résidence, de ses opinions ou de ses convictions politiques, de son appartenance à une race, à une ethnie, à une tribu, à une minorité culturelle ou linguistique.

Article 14

Les pouvoirs publics veillent à l'élimination de toute forme de discrimination à l'égard de la femme et assurent la protection et la promotion de ses droits. Ils prennent, dans tous les domaines, notamment dans les domaines civil, politique, économique, social et culturel, toutes les mesures appropriées pour assurer le total épanouissement et la pleine participation de la femme au développement de la nation. Ils prennent des mesures pour lutter contre toute forme de violences faites à la femme dans la vie publique et dans la vie privée. La femme a droit à une représentation équitable au sein des institutions nationales, provinciales et locales. L'Etat garantit la mise en œuvre de la parité homme-femme dans lesdites institutions. La loi fixe les modalités d'application de ces droits.

Article 15

Les pouvoirs publics veillent à l'élimination des violences sexuelles. Sans préjudice des traités et accords internationaux, toute violence sexuelle faite sur toute personne, dans l'intention de déstabiliser, de disloquer une famille et de faire disparaître tout un peuple est érigée en crime contre l'humanité puni par la loi.

Article 16

La personne humaine est sacrée. L'Etat a l'obligation de la respecter et de la protéger.10Toute personne a droit à la vie, à l'intégrité physique ainsi qu'au libre développement de sa personnalité dans le respect de la loi, de l'ordre public, du droit d'autrui et des bonnes mœurs. Nul ne peut être tenu en esclavage ni dans une condition analogue. Nul ne peut être soumis à un traitement cruel, inhumain ou dégradant. Nul ne peut être astreint à un travail forcé ou obligatoire.

Article 17

La liberté individuelle est garantie. Elle est la règle, la détention l'exception. Nul ne peut être poursuivi, arrêté, détenu ou condamné qu'en vertu de la loi et dans les formes qu'elle prescrit. Nul ne peut être poursuivi pour une action ou une omission qui ne constitue pas une infraction au moment

où elle est commise et au moment des poursuites. Nul ne peut être condamné pour une action ou une omission qui ne constitue pas une infraction à la fois au moment où elle est commise et au moment de la condamnation. Il ne peut être infligé de peine plus forte que celle applicable au moment où l'infraction est commise. La peine cesse d'être exécutée lorsqu'en vertu d'une loi postérieure au jugement:
1. elle est supprimée ;
2. le fait pour lequel elle était prononcée, n'a plus le caractère infractionnel. En cas de réduction de la peine en vertu d'une loi postérieure au jugement, la peine est exécutée conformément à la nouvelle loi. La responsabilité pénale est individuelle. Nul ne peut être poursuivi, arrêté, détenu ou condamné pour fait d'autrui. Toute personne accusée d'une infraction est présumée innocente jusqu'à ce que sa culpabilité ait été établie par un jugement définitif.

Article 18

Toute personne arrêtée doit être immédiatement informée des motifs de son arrestation et de toute accusation portée contre elle, et ce, dans la langue qu'elle comprend. Elle doit être immédiatement informée de ses droits. La personne gardée à vue a le droit d'entrer immédiatement en contact avec sa famille ou avec son conseil. La garde à vue ne peut excéder quarante-huit heures. A l'expiration de ce délai, la personne gardée à vue doit être relâchée ou mise à la disposition de l'autorité judiciaire compétente. Tout détenu doit bénéficier d'un traitement qui préserve sa vie, sa santé physique et mentale ainsi que sa dignité.

Article 19

Nul ne peut être ni soustrait ni distrait contre son gré du juge que la loi lui assigne. Toute personne a droit à ce que sa cause soit entendue dans un délai raisonnable par le juge compétent. Le droit de la défense est organisé et garanti. Toute personne a le droit de se défendre elle-même ou de se faire assister d'un défenseur de son choix et ce, à tous les niveaux de la procédure pénale, y compris l'enquête policière et l'instruction préjuridictionnelle. Elle peut se faire assister également devant les services de sécurité. 11

Article 20

Les audiences des cours et tribunaux sont publiques, à moins que cette publicité ne soit jugée dangereuse pour l'ordre public ou les bonnes mœurs. Dans ce cas, le tribunal ordonne le huis clos.

Article 21

Tout jugement est écrit et motivé. Il est prononcé en audience publique. Le droit de former un recours contre un jugement est garanti à tous est exercé dans les conditions fixées par la loi.

Article 22

Toute personne a droit à la liberté de pensée, de conscience et de religion. Toute personne a le droit de manifester sa religion ou ses convictions, seule ou en groupe, tant en public qu'en privé, par le culte, l'enseignement, les pratiques, l'accomplissement des rites et l'état de vie religieuse, sous réserve du respect de la loi, de l'ordre public, des bonnes mœurs et des droits d'autrui. La loi fixe les modalités d'exercice de ces libertés.

Article 23

Toute personne a droit à la liberté d'expression. Ce droit implique la liberté d'exprimer ses opinions ou ses convictions, notamment par la parole, l'écrit et l'image, sous réserve du respect de la loi, de l'ordre public et des bonnes mœurs.

Article 24

Toute personne a droit à l'information. La liberté de presse, la liberté d'information et d'émission par la radio et la télévision, la presse écrite ou tout autre moyen de communication sont garanties sous réserve du respect de l'ordre public, des bonnes mœurs et des droits d'autrui. La loi fixe les modalités d'exercice de ces libertés. Les médias audiovisuels et écrits d'Etat sont des services publics dont l'accès est garanti de manière équitable à tous les courants politiques et sociaux. Le statut des médias d'Etat est établi par la loi qui garantit l'objectivité, l'impartialité et le pluralisme d'opinions dans le traitement et la diffusion de l'information.

Article 25

La liberté des réunions pacifiques et sans armes est garantie sous réserve du respect de la loi, de l'ordre public et des bonnes mœurs.

Article 26

La liberté de manifestation est garantie. Toute manifestation sur les voies publiques ou en plein air, impose aux organisateurs d'informer par écrit l'autorité administrative compétente. 12 Nul ne peut être contraint à prendre part à une manifestation. La loi en fixe les mesures d'application.

Article 27

Tout Congolais a le droit d'adresser individuellement ou collectivement une pétition à l'autorité publique qui y répond dans les trois mois. Nul ne peut faire l'objet d'incrimination, sous quelque forme que ce soit, pour avoir pris pareille initiative.

Article 28 Nul n'est tenu d'exécuter un ordre manifestement illégal. Tout individu, tout agent de l'Etat est délié du devoir d'obéissance, lorsque l'ordre reçu constitue une atteinte manifeste au respect des droits de l'homme et des libertés publiques et des bonnes mœurs. La preuve de l'illégalité manifeste de l'ordre incombe à la personne qui refuse de l'exécuter.

Article 29 Le domicile est inviolablc. Il ne peut y être effectué de visite ou de perquisition que dans les formes et les conditions prévues par la loi.

Article 30 Toute personne qui se trouve sur le territoire national a le droit d'y circuler librement, d'y fixer sa résidence, de le quitter et d'y revenir, dans les conditions fixées par la loi. Aucun Congolais ne peut être ni expulsé du territoire de la République, ni être contraint à l'exil, ni être forcé à habiter hors de sa résidence habituelle.

Article 31 Toute personne a droit au respect de sa vie privée et au secret de la correspondance, de la télécommunication

ou de toute autre forme de communication. Il ne peut être porté atteinte à ce droit que dans les cas prévus par la loi.
Article 32 Tout étranger qui se trouve légalement sur le territoire national jouit de la protection accordée aux personnes et à leurs biens dans les conditions déterminées par les traités et les lois. Il est tenu de se conformer aux lois et règlements de la République.
Article 33 Le droit d'asile est reconnu. La République Démocratique du Congo accorde, sous réserve de la sécurité nationale, l'asile sur son territoire aux ressortissants étrangers, poursuivis ou persécutés en raison, notamment, de leur opinion, leur croyance, leur appartenance raciale, tribale, ethnique, linguistique ou de 13 leur action en faveur de la démocratie et de la défense des Droits de l'Homme et des Peuples, conformément aux lois et règlements en vigueur. Il est interdit à toute personne jouissant régulièrement du droit / d'asile d'entreprendre toute activité subversive contre son pays d'origine ou contre tout autre pays, à partir du territoire de la République Démocratique du Congo. Les réfugiés ne peuvent ni être remis à l'autorité de l'Etat dans lequel ils sont persécutés ni être refoulés sur le territoire de celui-ci. En aucun cas, nul ne peut être acheminé vers le territoire d'un Etat dans lequel il risque la torture, des peines ou des traitements cruels, dégradants et inhumains. La loi fixe les modalités d'exercice de ce droit.

Chapitre 2 : Des droits économiques, sociaux et culturels.
Article 34 La propriété privée est sacrée. L'Etat garantit le droit à la propriété individuelle ou collective, acquis conformément à la loi ou à la coutume. Il encourage et veille à la sécurité des investissements privés, nationaux et étrangers. Nul ne peut être privé de sa propriété que pour cause d'utilité publique et moyennant une juste et préalable indemnité octroyée dans les conditions fixées par la loi. Nul ne peut être saisi en ses biens qu'en vertu d'une décision prise par une autorité judiciaire compétente.

Article 35 L'Etat garantit le droit à l'initiative privée tant aux nationaux qu'aux étrangers. Il encourage l'exercice du petit commerce, de l'art et de l'artisanat par les Congolais et veille à la protection et à la promotion de l'expertise et des compétences nationales. La loi fixe les modalités d'exercice de ce droit.

Article 36 Le travail est un droit et un devoir sacrés pour chaque Congolais. L'Etat garantit le droit au travail, la protection contre le chômage et une rémunération équitable et satisfaisante assurant au travailleur ainsi qu'à sa famille une existence conforme à la dignité humaine, complétée par tous les autres moyens de protection sociale, notamment, la pension de retraite et la rente viagère. Nul ne peut être lésé dans son travail en raison de ses origines, de son sexe, de ses opinions, de ses croyances ou de ses conditions socio-économiques. Tout Congolais a le droit et le devoir de contribuer par son travail à la construction et à la prospérité nationales. La loi établit le statut des travailleurs et réglemente les particularités propres au régime juridique des ordres professionnels et l'exercice des professions exigeant une qualification scolaire ou académique. Les structures internes et le fonctionnement des ordres professionnels doivent être démocratiques.

Article 37 14 L'Etat garantit la liberté d'association. Les pouvoirs publics collaborent avec les associations qui contribuent au développement social, économique, intellectuel, moral et spirituel des populations et à l'éducation des citoyennes et des citoyens. Cette collaboration peut revêtir la forme d'une subvention. La loi fixe les modalités d'exercice de cette liberté ;

Article 38 La liberté syndicale est reconnue et garantie. Tous les Congolais ont le droit de fonder des syndicats ou de s'y affilier librement, dans les conditions fixées par la loi.

Article 39 Le droit de grève est reconnu et garanti. Il s'exerce dans les conditions fixées par la Loi qui peut en interdire ou en limiter l'exercice dans les domaines de la défense nationale et de la sécurité ou pour toute activité ou tout service public d'intérêt vital pour la nation.

Article 40 Tout individu a le droit de se marier avec la personne de son choix, de sexe opposé, et de fonder une famille. La famille, cellule de base de la communauté humaine, est organisée de manière à assurer son unité, sa stabilité et sa protection. Elle est placée sous la protection des pouvoirs publics. Les soins et l'éducation à donner aux enfants constituent, pour les parents, un droit naturel et un devoir qu'ils exercent sous la surveillance et avec l'aide des pouvoirs publics. Les enfants ont le devoir d'assister leurs parents. La loi fixe les règles sur le mariage et l'organisation de la famille.

Article 41 L'enfant mineur est toute personne, sans distinction de sexe, qui n'a pas encore atteint 18 ans révolus. Tout enfant mineur a le droit de connaître les noms de son père et de sa mère. Il a également le droit de jouir de la protection de sa famille, de la société et des pouvoirs publics. L'abandon et la maltraitance des enfants, notamment la pédophilie, les abus sexuels ainsi que l'accusation de sorcellerie sont prohibés et punis par la loi. Les parents ont le devoir de prendre soin de leurs enfants et d'assurer leur protection contre tout acte de violence tant à l'intérieur qu'à l'extérieur du foyer. Les pouvoirs publics ont l'obligation d'assurer une protection aux enfants en situation difficile et de déférer, devant la justice, les auteurs et les complices des actes de violence à l'égard des enfants. Toutes les autres formes d'exploitation d'enfants mineurs sont punies par la loi.

Article 42 15 Les pouvoirs publics ont l'obligation de protéger la jeunesse contre toute atteinte à sa santé, à son éducation et à son développement intégral.

Article 43 Toute personne a droit à l'éducation scolaire. Il y est pourvu par l'enseignement national. L'enseignement national comprend les établissements publics et les établissements privés agréés. La loi fixe les conditions de création et de fonctionnement de ces établissements. Les parents ont le droit de choisir le mode d'éducation à donner à leurs enfants. L'enseignement primaire est obligatoire et gratuit dans les établissements publics.

Article 44 L'éradication de l'analphabétisme est un devoir national pour la réalisation duquel le Gouvernement doit élaborer un programme spécifique.

Article 45 L'enseignement est libre. Il est toutefois soumis à la surveillance des pouvoirs publics, dans les conditions fixées par la loi. Toute personne a accès aux établissements d'enseignement national, sans discrimination de lieu d'origine, de race, de religion, de sexe, d'opinions politiques ou philosophiques, de son état physique, mental ou sensoriel, selon ses capacités. Les établissements d'enseignement national peuvent assurer, en collaboration avec les autorités religieuses, à leurs élèves mineurs dont les parents le demandent, une éducation conforme à leurs convictions religieuses. Les pouvoirs publics ont le devoir de promouvoir et d'assurer, par l'enseignement, l'éducation et la diffusion, le respect des droits de l'homme, des libertés fondamentales et des devoirs du citoyen énoncés dans la présente Constitution. Les pouvoirs publics ont le devoir d'assurer la diffusion et l'enseignement de la Constitution, de la Déclaration universelle des droits de l'homme, de la Charte africaine des droits de l'homme et des peuples, ainsi que de toutes les conventions régionales et internationales relatives aux droits de l'homme et au droit international humanitaire dûment ratifiées. L'Etat a l'obligation d'intégrer les droits de la personne humaine dans tous les programmes de formation des forces armées, de la police et des services de sécurité. La loi détermine les conditions d'application du présent article.

Article 46 Le droit à la culture, la liberté de création intellectuelle et artistique, et celle de la recherche scientifique et technologique sont garantis sous réserve du respect de la loi, de l'ordre public et des bonnes mœurs. Les droits d'auteur et de propriété intellectuelle sont garantis et protégés par la loi. L'Etat tient compte, dans l'accomplissement de ses tâches, de la diversité culturelle du pays. Il protège le patrimoine culturel national et en assure la promotion. 16

Article 47 Le droit à la santé et à la sécurité alimentaire est garanti. La loi fixe les principes fondamentaux et les règles d'organisation de la santé publique et de la sécurité alimentaire.

Article 48 Le droit à un logement décent, le droit d'accès à l'eau potable et à l'énergie électrique sont garantis. La loi fixe les modalités d'exercice de ces droits.

Article 49 La personne du troisième âge et la personne avec handicap ont droit à des mesures spécifiques de protection en rapport avec leurs besoins physiques, intellectuels et moraux. L'Etat a le devoir de promouvoir la présence de la personne avec handicap au sein des institutions nationales, provinciales et locales. Une loi organique fixe les modalités d'application de ce droit.

Chapitre 3 : Des droits collectifs

Article 50 L'Etat protège les droits et les intérêts légitimes des Congolais qui se trouvent tant à l'intérieur qu'à l'extérieur du pays. Sous réserve de la réciprocité, tout étranger qui se trouve légalement sur le territoire national bénéficie des mêmes droits et libertés que le Congolais, excepté les droits politiques. Il bénéficie de la protection accordée aux personnes et à leurs biens dans les conditions déterminées par les traités et les lois. Il est tenu de se conformer aux lois et règlements de la République.

Article 51 L'Etat a le devoir d'assurer et de promouvoir la coexistence pacifique et harmonieuse de tous les groupes ethniques du pays. Il assure également la protection et la promotion des groupes vulnérables et de toutes les minorités. Il veille à leur épanouissement.

Article 52 Tous les Congolais ont droit à la paix et à la sécurité, tant sur le plan national qu'international. Aucun individu ou groupe d'individus ne peut utiliser une portion du territoire national comme base de départ d'activités subversives ou terroristes contre l'Etat congolais ou tout autre Etat.

Article 53 Toute personne a droit à un environnement sain et propice à son épanouissement intégral. Elle a le devoir de le défendre. L'Etat veille à la protection de l'environnement et à la santé des populations. 17

Article 54 Les conditions de construction d'usines, de stockage, de manipulation, d'incinération et d'évacuation des déchets toxiques, polluants ou radioactifs provenant des unités industrielles ou artisanales installées sur le territoire national sont fixées par la loi. Toute pollution ou destruction résultant d'une activité économique donne lieu à compensation et/ou à réparation. La loi détermine la nature des mesures compensatoires, réparatoires ainsi que les modalités de leur exécution.

Article 55 Le transit l'importation, le stockage, l'enfouissement. Le déversement dans les eaux continentales et les espaces maritimes sous juridiction nationale, l'épandage dans l'espace aérien des déchets toxiques, polluants, radioactifs ou de tout autre produit dangereux, en provenance ou non de l'étranger, constitue un crime puni par la loi.

Article 56 Tout acte, tout accord, toute convention, tout arrangement ou tout autre fait, qui a pour conséquence de priver la nation, les personnes physiques ou morales de tout ou partie de leurs propres moyens d'existence tirés de leurs ressources ou de leurs richesses naturclles, sans préjudice des dispositions internationales sur les crimes économiques, est érigé en infraction de pillage punie par la loi.

Article 57 Les actes visés à l'article précédent ainsi que leur tentative, quelles qu'en soient les modalités, s'ils sont le fait d'une personne investie d'autorité publique, sont punis comme infraction de haute trahison.

Article 58 Tous les Congolais ont le droit de jouir des richesses nationales. L'Etat a le devoir de les redistribuer équitablement et de garantir le droit au développement.

Article 59 Tous les Congolais ont le droit de jouir du patrimoine commun de l'humanité. L'Etat a le devoir d'en faciliter la jouissance.

Article 60 Le respect des droits de l'homme et des libertés fondamentales consacrés dans la Constitution s'impose aux pouvoirs publics et à toute personne.

Article 61 18 En aucun cas, et même lorsque l'état de siège ou l'état d'urgence aura été proclamé conformément aux articles 85 et 86 de la présente Constitution, il ne peut être dérogé aux droits et principes fondamentaux énumérés ci-après: 1. le droit à la vie ; 2. l'interdiction de la torture et des peines ou traitements cruels, inhumains ou dégradants ; 3. l'interdiction de l'esclavage et de la servitude ; 4. le principe de la légalité des infractions et des peines ; 5. les droits de la défense et le droit de recours ; 6. l'interdiction de l'emprisonnement pour dettes ; 7. la liberté de pensée, de conscience et de religion.

Chapitre 4 : Des devoirs du citoyen

Article 62 Nul n'est censé ignorer la loi. Toute personne est tenue de respecter la Constitution et de se conformer aux lois de la République.

Article 63 Tout Congolais a le droit et le devoir sacré de défendre le pays et son intégrité territoriale face à une menace ou à une agression extérieure. Un service militaire obligatoire peut être instauré dans les conditions fixées par la loi. Toute autorité nationale, provinciale, locale et coutumière a le devoir de sauvegarder l'unité de la République et l'intégrité de son territoire, sous peine de haute trahison.

Article 64 Tout Congolais a le devoir de faire échec à tout individu ou groupe d'individus qui prend le pouvoir par la force ou qui l'exerce en violation des dispositions de la présente Constitution. Toute tentative de renversement du régime constitutionnel constitue une infraction imprescriptible contre la nation et l'Etat. Elle est punie conformément à la loi.

Article 65 Tout Congolais est tenu de remplir loyalement ses obligations vis-à-vis de l'Etat. Il a, en outre, le devoir de s'acquitter de ses impôts et taxes.
Article 66 Tout Congolais a le devoir de respecter et de traiter ses concitoyens sans discrimination aucune et d'entretenir avec eux des relations qui permettent de sauvegarder, de promouvoir et de renforcer l'unité nationale, le respect et la tolérance réciproques. Il a, en outre, le devoir de préserver et de renforcer la solidarité nationale, singulièrement lorsque celle-ci est menacée.
Article 67 19 Tout Congolais a le devoir de protéger la propriété, les biens et intérêts publics et de respecter la propriété d'autrui.

TITRE III.:
DE L'ORGANISATION ET DE L'EXERCICE DU POUVOIR.

Chapitre 1er: Des institutions de la République.

Article 68 Les institutions de la République sont:
1. le Président de la République ;
2. le Parlement ;
3. le Gouvernement ;
4. les Cours et Tribunaux.

Section 1ère: Du pouvoir exécutif

Paragraphe 1er: Du Président de la République.

Article 69 Le Président de la République est le Chef de l'Etat. Il représente la nation et le symbole de l'unité nationale. Il veille au respect de la Constitution. Il assure, par son arbitrage, le fonctionnement régulier des pouvoirs publics et des Institutions ainsi que la continuité de l'Etat. Il est le garant de l'indépendance nationale, de l'intégrité du territoire, de la souveraineté nationale et du respect des traités et accords internationaux.
Article 70 Le Président de la République est élu au suffrage universel direct pour un de cinq ans renouvelable une seule fois. A la fin de son mandat, le Président de la République

reste en fonction jusqu'à l'installation effective du nouveau Président élu.

Article 71 Le Président de la République est élu à la majorité absolue des suffrages exprimés. Si celle-ci n'est pas obtenue au premier tour du scrutin, il est p~ dans un délai de quinze jours, à un second tour. Seuls peuvent se présenter au second tour, les deux candidats qui ont recueilli le plus grand nombre des suffrages exprimés au premier tour. En cas de décès, d'empêchement ou de désistement de l'un ou "autre de ces deux candidats, les suivants se présentent dans l'ordre de leur classement à l'issue du premier tour. Est déclaré élu au second tour, le candidat ayant recueilli la majorité des suffrages exprimés. 20

Article 72 Nul ne peut être candidat à l'élection du Président de la République s'il ne remplit les conditions ci-après :

1. posséder la nationalité congolaise d'origine ;
2. être âgé de 30 ans au moins ;
3. jouir de la plénitude de ses droits civils et politiques ;
4. ne pas se trouver dans un des cas d'exclusion prévus par la loi électorale.

Article 73 Le scrutin pour l'élection du Président de la République est convoqué par la Commission électorale nationale indépendante, quatre-vingt-dix jours avant l'expiration du mandat du Président en exercice.

Article 74 Le Président de la République élu entre en fonction dans les dix jours qui suivent la proclamation des résultats définitifs de l'élection présidentielle. Avant son entrée en fonction, le Président de la République prête, devant la Cour Constitutionnelle, le serment ci-après: « Moi.... élu Président de la République Démocratique du Congo, je jure solennellement devant Dieu et la nation:

- d'observer et de défendre la Constitution et les lois de la République ;
- de maintenir son indépendance et l'intégrité de son territoire ;
- de sauvegarder l'unité nationale ;

- de ne me laisser guider que par l'intérêt général et le respect des droits de la personne humaine ;
- de consacrer toutes mes forces à la promotion du bien commun et de la paix ;
- de remplir, loyalement et en fidèle serviteur du peuple, les hautes fonctions qui me sont confiées. ».

Article 75 En cas de vacance pour cause de décès, de démission ou pour toute autre cause d'empêchement définitif, les fonctions de Président de la République, à l'exception de celles mentionnées aux articles 78, 81 et 82 sont provisoirement exercées par le Président du Sénat.

Article 76 La vacance de la présidence de la République est déclarée par la Cour constitutionnelle saisie par le Gouvernement. Le Président de la République par intérim veille à l'organisation de l'élection du nouveau Président de la République dans les conditions et les délais prévus par la Constitution. En cas de vacance ou lorsque l'empêchement est déclaré définitif par la Cour constitutionnelle, l'élection du nouveau Président de la République a lieu, sur convocation de la Commission électorale nationale indépendante, soixante jours au moins et quatre-vingt-dix jours au plus, après l'ouverture de la vacance ou de la déclaration du caractère définitif de l'empêchement. 21 En cas de force majeure, ce délai peut être prolongé à cent vingt jours au plus, par la Cour constitutionnelle saisie par la Commission électorale nationale indépendante. Le Président élu commence un nouveau mandat.

Article 77 Le Président de la République adresse des messages à la Nation. Il communique avec les Chambres du Parlement par des messages qu'il lit ou fait lire et qui ne donnent lieu à aucun débat. Il prononce, une fois l'an, devant l'Assemblée nationale et le Sénat réunis en Congrès, un discours sur l'état de la Nation.

Article 78 Le Président de la République nomme le Premier ministre au sein de la majorité parlementaire après consultation de celle-ci. Il met fin à ses fonctions sur présentation par celui-ci de la démission du Gouvernement.

Si une telle majorité n'existe pas, le Président de la République confie une mission d'information à une personnalité en vue d'identifier une coalition. La mission d'information est de trente jours renouvelable une seule fois. Le Président de la République nomme les autres membres du Gouvernement et met fin à leurs fonctions sur proposition du Premier ministre.

Article 79 Le Président de la République convoque et préside le Conseil des ministres. En cas d'empêchement, il délègue ce pouvoir au Premier ministre. Le Président de la République promulgue les lois dans les conditions prévues par la présente Constitution. Il statue par voie d'ordonnance. Les ordonnances du Président de la République autres que celles prévues aux articles 78 alinéa premier, 80, 84 et 143 sont contresignées par le Premier ministre.

Article 80 Le Président de la République investit par ordonnance les Gouverneurs et les Vice- Gouverneurs de province élus, dans un délai de quinze jours conformément à l'article 198.

Article 81 Sans préjudice des autres dispositions de la Constitution, le Président de la République nomme, relève de leurs fonctions et, le cas échéant, révoque, sur proposition du Gouvernement délibérée en Conseil des ministres: 1. les ambassadeurs et les envoyés extraordinaires ; 2. les officiers généraux et supérieurs des forces armées et de la police nationale, le Conseil supérieur de la défense entendu ; 3. le chef d'état-major général, les chefs d'état-major et les commandants des grandes unités des forces armées, le Conseil supérieur de la défense entendu ; 4. les hauts fonctionnaires de l'administration publique ; 5. les responsables des services et établissements publics ; 22 6. Les mandataires de l'Etat dans les entreprises et organismes publics, excepté les commissaires aux comptes. Les ordonnances du Président de la République intervenues en la matière sont contresignées par le Premier ministre.

Article 82 Le Président de la République nomme, relève de leurs fonctions et, le cas échéant, révoque, par ordonnance, les magistrats du siège et du parquet sur proposition du Conseil supérieur de la magistrature. Les ordonnances dont question à l'alinéa précédent sont contresignées par le Premier ministre.

Article 83 Le Président de la République est le commandant suprême des Forces armées. Il préside le Conseil supérieur de la défense.

Article 84 Le Président de la République confère les grades dans les ordres nationaux et les décorations, conformément à la loi.

Article 85 Lorsque des circonstances graves menacent, d'une manière immédiate, l'indépendance ou l'intégrité du territoire national ou qu'elles provoquent l'interruption du fonctionnement régulier des institutions, le Président de la République proclame l'état d'urgence ou l'état de siège, après concertation avec le Premier ministre et les Présidents des deux Chambres, conformément aux articles 144 et 145 de la présente Constitution. Il en informe la nation par un message. Les modalités d'application de l'état d'urgence et de l'état de siège sont déterminées par la loi.

Article 86 Le Président de la République déclare la guerre par ordonnance délibérée en Conseil des ministres après avis du Conseil supérieur de la défense et autorisation de l'Assemblée nationale et du Sénat, conformément à l'article 143 de la présente Constitution.

Article 87 Le Président de la République exerce le droit de grâce. Il peut remettre, commuer ou réduire les peines.

Article 88 Le Président de la République accrédite les ambassadeurs et les envoyés extraordinaires auprès des Etats étrangers et des organisations internationales. Les ambassadeurs et les envoyés extraordinaires étrangers sont accrédités auprès de lui. 23

Article 89 Les émoluments et la liste civile du Président de la République sont fixés par la loi de finances.

Paragraphe 2 : Du Gouvernement

Article 90 Le Gouvernement est composé du Premier ministre, de ministres, de Vice-ministres, le cas échéant, de Vice-premier ministres, de ministres d'Etat et de ministres délégués. Il est dirigé par le Premier ministre, chef du Gouvernement. En cas d'empêchement, son intérim est assuré par le membre du Gouvernement qui a la préséance. La composition du Gouvernement tient compte de la représentativité nationale. Avant d'entrer en fonction, le Premier ministre présente à l'Assemblée nationale le programme du Gouvernement. Lorsque ce programme est approuvé à la majorité absolue des membres qui composent l'Assemblée nationale, celle-ci investit le Gouvernement.

Article 91 Le Gouvernement définit, en concertation avec le Président de la République, la politique de la Nation et en assume la responsabilité. Le Gouvernement conduit la politique de la Nation. La défense, la sécurité et les affaires étrangères sont des domaines de collaboration entre le Président de la République et le Gouvernement. Le Gouvernement dispose de l'administration publique, des Forces armées, de la Police nationale et des services de sécurité. Le Gouvernement est responsable devant l'Assemblée nationale dans les conditions prévues aux articles 90, 100, 146 et 147. Une ordonnance délibérée en Conseil des ministres fixe l'organisation, le fonctionnement du Gouvernement et les modalités de collaboration entre le Président de la République et le Gouvernement ainsi qu'entre les membres du Gouvernement.

Article 92 Le Premier ministre assure l'exécution des lois et dispose du pouvoir réglementaire sous réserve des prérogatives dévolues au Président de la République par la présente Constitution. Il statue par voie de décret. Il nomme, par décret délibéré en Conseil des ministres, aux emplois civils et militaires autres que ceux pourvus par le Président de la République. Les actes du Premier ministre sont contresignés, le cas échéant, par les ministres chargés de leur

exécution. Le Premier ministre peut déléguer certains de ses pouvoirs aux ministres.
Article 93 24 Le ministre est responsable de son département. Il applique le programme gouvernemental dans son ministère, sous la direction et la coordination du Premier ministre. Il statue par voie d'arrêté.
Article 94 Les Vice-ministres exercent, sous l'autorité des ministres auxquels ils sont adjoints, les attributions qui leur sont conférées par l'ordonnance portant organisation et fonctionnement du Gouvernement. Ils assument l'intérim des ministres en cas d'absence ou d'empêchement.
Article 95 Les émoluments des membres du gouvernement sont fixés par la loi de finances. Le Premier ministre bénéficie, en outre, d'une dotation.

Paragraphe 3 : Des dispositions communes au Président de la République et au Gouvernement.
Article 96 Les fonctions de Président de la République sont incompatibles avec l'exercice de tout autre mandat électif, de tout emploi public, civil ou militaire et de toute activité professionnelle. Le mandat du Président de la République est également incompatible avec toute responsabilité au sein d'un parti politique.
Article 97 Les fonctions de membre du Gouvernement sont incompatibles avec l'exercice de tout mandat électif, de tout emploi public, civil ou militaire et de toute activité professionnelle à l'exception des activités agricoles, artisanales, culturelles, d'enseignement et de recherche. Elles sont également incompatibles avec toute responsabilité au sein d'un parti politique.
Article 98 Durant leurs fonctions, le Président de la République et les membres du Gouvernement ne peuvent, par eux-mêmes ou par personne interposée, ni acheter, ni acquérir d'aucune autre façon, ni prendre en bail un bien qui appartienne au domaine de l'Etat, des provinces ou des entités décentralisées. Ils ne peuvent prendre part directement ou indirectement aux marchés publics au

bénéfice des administrations ou des institutions dans lesquelles le pouvoir central, les provinces et les entités administratives décentralisées ont des intérêts.

Article 99 Avant leur entrée en fonction et à l'expiration de celle-ci, le Président de la République et les membres du Gouvernement sont tenus de déposer, devant la Cour constitutionnelle, la déclaration écrite de leur patrimoine familial, énumérant leurs biens meubles, y compris actions, parts sociales, obligations, autres valeurs, comptes en banque, leurs biens immeubles, y compris terrains non bâtis, forêts, plantations et terres agricoles, mines et tous autres immeubles, avec indication des titres pertinents. 25 Le patrimoine familial inclut les biens du conjoint selon le régime matrimonial, des enfants mineurs et des enfants, même majeurs, à charge du couple. La Cour constitutionnelle communique cette déclaration à l'administration fiscale. Faute de cette déclaration, endéans les trente jours, la personne concernée est réputée démissionnaire. Dans les trente jours suivant la fin des fonctions, faute de cette déclaration, en cas de déclaration frauduleuse ou de soupçon d'enrichissement sans cause, la Cour constitutionnelle ou la Cour de cassation est saisie selon le cas.

Section 2 : Du pouvoir législatif

Article 100 Le pouvoir législatif est exercé par un Parlement composé de deux Chambres: l'Assemblée nationale et le Sénat. Sans préjudice des autres dispositions de la présente Constitution, le Parlement vote les lois. Il contrôle le Gouvernement, les entreprises publiques ainsi que les établissements et les services publics. Chacune des Chambres jouit de l'autonomie administrative et financière et dispose d'une dotation propre.

Paragraphe 1er: De l'Assemblée nationale

Article 101 Les membres de l'Assemblée nationale portent le titre de député national. Ils sont élus au suffrage universel direct et secret. Les candidats aux élections législatives sont présentés par des partis politiques ou par des regroupements politiques. Ils peuvent aussi se présenter en indépendants. Chaque député national est élu avec deux suppléants. Le député national représente la nation. Tout mandat impératif est nul. Le nombre de députés nationaux ainsi que les conditions de leur élection et éligibilité sont fixés par la loi électorale.

Article 102 Nul ne peut être candidat aux élections législatives s'il ne remplit les conditions ci-après:

1. être Congolais ;
2. être âgé de 25 ans au moins ;
3. jouir de la plénitude de ses droits civils et politiques ;
4. ne pas se trouver dans un des cas d'exclusion prévus par la loi électorale.

Article 103 Le député national est élu pour un mandat de cinq ans. Il est rééligible. Le mandat de député national commence à la validation des pouvoirs par l'Assemblée nationale et expire à l'installation de la nouvelle Assemblée.

Paragraphe 2 : Du Sénat 26

Article 104 Les membres du Sénat portent le titre de sénateur. Le sénateur représente sa province, mais son mandat est national. Tout mandat impératif est nul. Les candidats sénateurs sont présentés par des partis politiques ou par des regroupements politiques. Ils peuvent aussi se présenter en indépendants. Ils sont élus au second degré par les Assemblées provinciales. Chaque sénateur est élu avec deux suppléants. Les anciens Présidents de la République élus sont de droit sénateurs à vie. Le nombre de sénateurs ainsi que les conditions de leur élection et éligibilité sont fixés par la loi électorale.

Article 105 Le sénateur est élu pour un mandat de cinq ans. Il est rééligible. Le mandat de sénateur commence à la validation des pouvoirs par le Sénat et expire à l'installation du nouveau Sénat.

Article 106 Nul ne peut être candidat membre du Sénat s'il ne remplit les conditions ci-après:

1. être Congolais ;
2. être âgé de 30 ans au moins ;
3. jouir de la plénitude de ses droits civils et politiques ;
4. ne pas se trouver dans un des cas d'exclusion prévus par la loi électorale.

Paragraphe 3 : Des immunités et des incompatibilités

Article 107 Aucun parlementaire ne peut être poursuivi, recherché, arrêté, détenu ou jugé en raison des opinions ou votes émis par lui dans l'exercice de ses fonctions. Aucun parlementaire ne peut, en cours de sessions, être poursuivi ou arrêté, sauf en cas de flagrant délit, qu'avec l'autorisation de l'Assemblée nationale ou du Sénat, selon le cas. En dehors de sessions, aucun parlementaire ne peut être arrêté qu'avec l'autorisation du Bureau de l'Assemblée nationale ou du Bureau du Sénat, sauf en cas de flagrant délit, de poursuites autorisées ou de condamnation définitive. La détention ou la poursuite d'un parlementaire est suspendue si la Chambre dont il est membre le requiert. La suspension ne peut excéder la durée de la session en cours.

Article 108 Le mandat de député national est incompatible avec le mandat de sénateur et vice-versa. Le mandat de député ou de sénateur est incompatible avec les fonctions ou mandats suivants:
1. membre du Gouvernement ;
2. membre d'une institution d'appui à la démocratie ;
3. membre des Forces armées, de la police nationale et des services de sécurité ;
4. magistrat ; 27
5. agent de carrière des services publics de l'Etat ;
6. cadre politico-administratif de la territoriale, à l'exception des chefs de collectivité chefferie et de groupement ;
7. mandataire public actif ;
8. membre des cabinets du Président de la République, du Premier ministre, du Président de l'Assemblée nationale, du Président du Sénat, des membres du Gouvernement, et généralement d'une autorité politique ou administrative de

l'Etat, employé dans une entreprise publique ou dans une société d'économie mixte ;
9. tout autre mandat électif. Le mandat de député national ou de sénateur est incompatible avec l'exercice des fonctions rémunérées conférées par un Etat étranger ou un organisme international.

Paragraphe 4: Des droits des députés nationaux ou des sénateurs

Article 109 Les députés nationaux et les sénateurs ont le droit de circuler sans restriction ni entrave à l'intérieur du territoire national et d'en sortir. Ils ont droit à une indemnité équitable qui assure leur indépendance et leur dignité. Celle-ci est prévue dans la loi des finances. Ils ont droit à une indemnité de sortie égale à six mois de leurs émoluments. Les modalités d'application de l'alinéa précédent ainsi que les autres droits des Parlementaires sont fixés par le Règlement intérieur de chacune des Chambres.

Paragraphe 5 : De la fin du mandat de député national ou de sénateur

Article 110 Le mandat de député national ou de sénateur prend fin par:
1. expiration de la législature ;
2. décès ;
3. démission ;
4. empêchement définitif ;
5. incapacité permanente ;
6. absence non justifiée et non autorisée à plus d'un quart des séances d'une session ;
7. exclusion prévue par la loi électorale ;
8. acceptation d'une fonction incompatible avec le mandat de député ou de sénateur ;
9. condamnation irrévocable à une peine de servitude pénale principale pour infraction intentionnelle. Toute cause d'inéligibilité, à la date des élections, constatée ultérieurement par l'autorité judiciaire compétente entraîne la

perte du mandat de député national ou de sénateur. Dans ces cas, il est remplacé par son premier suppléant. Tout député national ou tout sénateur qui quitte délibérément son parti politique durant la législature est réputé renoncer à son mandat parlementaire obtenu dans le cadre dudit parti politique.

Paragraphe 6: Du fonctionnement de l'Assemblée nationale et du Sénat

Article 111 28 L'Assemblée nationale et le Sénat sont dirigés, chacun, par un Bureau de sept membres comprenant:
1. un président ;
2. un premier vice-président ;
3. un deuxième vice-président ;
4. un rapporteur ;
5. un rapporteur adjoint ;
6. un questeur ;
7. un questeur adjoint.

Les Présidents des deux chambres doivent être des Congolais d'origine. Les membres du Bureau sont élus dans les conditions fixées par le Règlement intérieur de leur Chambre respective.

Article 112 Chaque Chambre du Parlement adopte son Règlement intérieur. Le Règlement intérieur détermine notamment:
1. la durée et les règles de fonctionnement du Bureau, les pouvoirs et prérogatives de son Président ainsi que des autres membres du Bureau ;
2. le nombre, le mode de désignation, la composition, le rôle et la compétence de ses commissions permanentes ainsi que la création et le fonctionnement des commissions spéciales et temporaires ;
3. l'organisation des services administratifs dirigés par un Secrétaire général de l'administration publique de chaque Chambre ;
4. le régime disciplinaire des députés et des sénateurs ;

5. les différents modes de scrutin, à l'exclusion de ceux prévus expressément par la présente Constitution.

Avant d'être mis en application, le Règlement intérieur est obligatoirement transmis par le Président du Bureau provisoire de la Chambre intéressée à la Cour constitutionnelle qui se prononce sur sa conformité à la Constitution dans un délai de quinze jours. Passé ce délai, le Règlement intérieur est réputé conforme. Les dispositions déclarées non conformes ne peuvent être mises en application.

Article 113 Outre les Commissions permanentes et spéciales, les deux Chambres peuvent constituer une ou plusieurs Commissions mixtes paritaires pour concilier les points de vue lorsqu'elles sont en désaccord au sujet d'une question sur laquelle elles doivent adopter la même décision en termes identiques. Si le désaccord persiste, l'Assemblée nationale statue définitivement.

Article 114 Chaque Chambre du Parlement se réunit de plein droit en session extraordinaire le quinzième jour suivant la proclamation des résultats des élections législatives par la Commission électorale nationale indépendante en vue de :

1. l'installation du Bureau provisoire dirigé par le doyen d'âge assisté des deux les moins âgés ;
2. la validation des pouvoirs ;
3. l'élection et l'installation du Bureau définitif ;
4. l'élaboration et l'adoption du Règlement intérieur. 29 La séance d'ouverture est présidée par le Secrétaire général de l'Administration de chacune des deux Chambres. Pendant cette session, les deux Chambres se réunissent pour élaborer et adopter le Règlement intérieur du Congrès. La session extraordinaire prend fin à l'épuisement de l'ordre du jour.

Article 115 L'Assemblée nationale et le Sénat tiennent de plein droit, chaque année, deux sessions ordinaires :

1. la première s'ouvre le 15 mars et se clôture le 15 juin ;
2. la deuxième s'ouvre le 15 septembre et se clôture le 15 décembre. Si le 15 du mois de mars ou du mois de septembre est férié ou tombe un dimanche, l'ouverture de la session a

lieu le premier jour ouvrable qui suit. La durée de chaque session ordinaire ne peut excéder trois mois.

Article 116 Chaque Chambre du Parlement peut être convoquée en session extraordinaire par son Président sur un ordre du jour déterminé, à la demande soit de son Bureau, soit de la moitié de ses membres, soit du Président de la République, soit du Gouvernement. La clôture intervient dès que la Chambre a épuisé l'ordre du jour pour lequel elle a été convoquée et, au plus tard, trente jours à compter de la date du début de la session.

Article 117 L'inscription, par priorité, à l'ordre du jour de chacune des Chambres d'un projet de loi, d'une proposition de loi ou d'une déclaration de politique générale est de droit si le Gouvernement, après délibération en Conseil des ministres, en fait la demande.

Article 118 L'Assemblée nationale et le Sénat ne siègent valablement qu'à la majorité absolue des membres qui les composent. Les séances de l'Assemblée nationale et du Sénat sont publiques, sauf si le huis clos est prononcé. Le compte rendu analytique des débats ainsi que les documents de l'Assemblée nationale et du Sénat sont publiés dans les annales parlementaires.

Article 119 Les deux Chambres se réunissent en Congrès pour les cas suivants:

1. la procédure de révision constitutionnelle, conformément aux articles 218 à 220 de la présente Constitution ;
2. l'autorisation de la proclamation de l'état d'urgence ou de l'état de siège et de la déclaration de guerre, conformément aux articles 85 et 86 de la présente Constitution ;
3. l'audition du discours du Président de la République sur l'état de la Nation, conformément à l'article 77 de la présente Constitution ;
4. la désignation des trois membres de la Cour constitutionnelle, conformément aux dispositions de l'article 158 de la présente Constitution.

Article 120 30 Lorsque les deux Chambres siègent en Congrès, le bureau est celui de l'Assemblée nationale et la présidence est, à tour de rôle, assurée par le Président de l'Assemblée nationale et le Président du Sénat. Le Congrès adopte son Règlement intérieur. Avant d'être mis en application, le Règlement intérieur est communiqué par le Président du Congrès à la Cour constitutionnelle qui se prononce sur la conformité de ce règlement à la présente Constitution dans un délai de 15 jours. Passé ce délai, le Règlement intérieur est réputé conforme. Les dispositions déclarées non conformes ne peuvent être mises en application.

Article 121 Chacune des Chambres ou le Congrès ne siège valablement que pour autant que la majorité absolue de ses membres se trouve réunie. Sous réserve des autres dispositions de la Constitution, toute résolution ou toute décision est prise conformément au Règlement intérieur de chacune des Chambres ou du Congrès. Les votes sont émis, soit par appel nominal et à haute voix, soit à main levée, soit par assis et levé, soit par bulletin secret, soit par procédé électronique. Sur l'ensemble d'un texte de loi, le vote intervient par appel nominal et à haute voix. Les votes peuvent également être émis par un procédé technique donnant plus de garanties. Sous réserve des autres dispositions de la Constitution, chacune des Chambres ou le Congrès peut décider le secret du vote pour l'adoption d'une résolution déterminée. Toutefois, en cas des délibérations portant sur des personnes, le vote s'effectue par bulletin secret.

Section 3 : Des rapports entre le pouvoir exécutif et le pouvoir législatif.

Article 122 Sans préjudice des autres dispositions de la présente Constitution, la loi fixe les règles concernant:

1. les droits civiques et les garanties fondamentales accordées aux citoyens pour l'exercice des libertés publiques ;
2. le régime électoral ;
3. les finances publiques ;

4. les sujétions imposées par la défense nationale aux citoyens en leur personne et en leurs biens ;
5. la nationalité, l'état et la capacité des personnes, les régimes matrimoniaux, les successions et les libéralités ;
6. la détermination des infractions et des peines qui leur sont applicables, la procédure pénale, l'organisation et le fonctionnement du pouvoir judiciaire, la création de nouveaux ordres de juridictions, le statut des magistrats, le régime juridique du Conseil supérieur de la magistrature ;
7. l'organisation du Barreau, l'assistance judiciaire et la représentation en justice ;
8. le commerce, le régime de la propriété des droits et des obligations civiles et commerciales ;
9. l'amnistie et l'extradition ;
10. l'assiette, le taux et les modalités de recouvrement des impositions de toute nature, le régime d'émission de la monnaie ;
11. les emprunts et engagements financiers de l'Etat ; 31
12. les statuts des agents de carrière des services publics de l'Etat, du personnel de l'enseignement supérieur, universitaire et de la recherche scientifique ;
13. les Forces armées, la Police et les services de sécurité ;
14. le droit du travail et de la sécurité sociale ;
15. l'organisation générale de la défense et de la Police nationale, le mode de recrutement des membres des Forces armées et de la Police nationale, l'avancement, les droits et obligations des militaires et des personnels de la police.
Article 123 Sans préjudice des autres dispositions de la présente Constitution, la loi détermine les principes fondamentaux concernant:
1. la libre administration des provinces et' des entités territoriales décentralisées, de leurs compétences et de leurs ressources ;
2. la création des entreprises, établissements et organismes publics ;
3. le régime foncier, minier, forestier et immobilier ;
4. la mutualité et l'épargne ;

5. l'enseignement et la santé ;
6. le régime pénitentiaire ;
7. le pluralisme politique et syndical ;
8. le droit de grève ;
9. l'organisation des médias ;
10. la recherche scientifique et technologique ;
11. la coopérative ;
12. la culture et les arts ;
13. les sports et les loisirs ;
14. l'agriculture, l'élevage, la pêche et l'aquaculture ;
15. la protection de l'environnement et le tourisme ;
16. la protection des groupes vulnérables.

Article 124 Les lois auxquelles la Constitution confère le caractère de loi organique, sont votées et modifiées à la majorité absolue des membres composant chaque Chambre dans les conditions suivantes:

1. la proposition de loi n'est soumise à la délibération et au vote de la première Chambre saisie qu'à l'expiration d'un délai de quinze jours après son dépôt au Gouvernement ;
2. la procédure de l'article 132 est applicable. Toutefois, faute d'accord entre les deux Chambres, le texte ne peut être adopté par l'Assemblée nationale en dernière lecture qu'à la majorité absolue de ses membres ;
3. les lois organiques ne peuvent être promulguées qu'après déclaration par la Cour constitutionnelle obligatoirement saisie par le Président de la République, de leur conformité à la Constitution dans un délai de quinze jours.

Article 125 32 Si un projet ou une proposition de loi est déclaré urgent par le Gouvernement, il est examiné par priorité dans chaque Chambre par la commission compétente suivant la procédure prévue par le Règlement intérieur de chacune d'elles. La procédure normale est appliquée aux propositions ou aux projets de loi portant amendement de la Constitution ou modifiant les lois organiques ainsi qu'aux projets de loi d'habilitation prévue à l'article 129.

Article 126 Les Lois de finances déterminent les ressources et les charges de l'Etat. L'Assemblée nationale et le Sénat votent les projets de lois de finances dans les conditions prévues pour la loi organique visée à l'article 124 de la Constitution. Le projet de loi de finances de l'année, qui comprend notamment le budget, est déposé par le Gouvernement sur le Bureau de l'Assemblée Nationale au plus tard le quinze septembre de chaque année. Les créations et transformations d'emplois publics ne peuvent être opérées hors les prévisions des lois de finances. Si le projet de loi de finances, déposé dans les délais constitutionnels, n'est pas voté avant l'ouverture du nouvel exercice, il est mis en vigueur par le Président de la République, sur proposition du Gouvernement délibérée en Conseil des ministres, compte tenu des amendements votés par chacune des deux Chambres. Si le projet de loi de finances n'a pas été déposé en temps utile pour être promulgué avant le début de l'exercice, le Gouvernement demande à l'Assemblée nationale et au Sénat l'ouverture de crédits provisoires. Si, quinze jours avant la fin de la session budgétaire, le Gouvernement n'a pas déposé son projet de budget, il est réputé démissionnaire. Dans le cas où l'Assemblée nationale et le Sénat ne se prononcent pas dans les quinze jours sur l'ouverture des crédits provisoires, les dispositions du projet prévoyant ces crédits sont mises en vigueur par le Président de la République sur proposition du Gouvernement délibérée en Conseil des ministres. Si, compte tenu de la procédure ci-dessus prévue, la loi de finances de l'année n'a pu être mise en vigueur au premier jour du mois de février de l'exercice budgétaire, le Président de la République, sur proposition du Gouvernement délibérée en Conseil des ministres, met en exécution le projet de loi de finances, compte tenu des amendements votés par chacune des deux Chambres.

Article 127 Les amendements au projet de loi de finances ne sont pas recevables lorsque leur adoption a pour conséquence, soit une diminution des recettes, soit un accroissement des dépenses, à moins qu'ils ne soient assortis de propositions compensatoires.

Article 128 Les matières autres que celles qui sont du domaine de la loi ont un caractère réglementaire. Les textes à caractère de loi intervenus en ces matières peuvent être modifiés par décret si la Cour constitutionnelle, à la demande du Gouvernement, a déclaré qu'ils ont un caractère réglementaire en vertu de l'alinéa précédent.

Article 129 33 Le Gouvernement peut, pour l'exécution urgente de son programme d'action, demander à l'Assemblée nationale ou au Sénat l'autorisation de prendre, par ordonnances-lois, pendant un délai limité et sur des matières déterminées, des mesures qui sont normalement du domaine de la loi. Ces ordonnances-lois sont délibérées en Conseil des ministres. Elles entrent en vigueur dès leur public3tion et deviennent caduques si le projet de loi de ratification n'est pas déposé devant le Parlement au plus tard à la date limite fixée par la loi d'habilitation. A l'expiration du délai visé à l'alinéa premier du présent article, si le Parlement ne ratifie pas ces ordonnances-lois, celles-ci cessent de plein droit de produire leurs effets. Les ordonnances-lois délibérées en Conseil des ministres et ratifiées ne peuvent être modifiées dans leurs dispositions que par la loi. Les ordonnances-lois cessent de plein droit de produire leurs effets en cas de rejet du projet de loi de ratification.

Article 130 L'initiative des lois appartient concurremment au Gouvernement, à chaque député et à chaque sénateur. Les projets de loi adoptés par le Gouvernement en Conscil des ministres sont déposés sur le Bureau de l'une des Chambres. Toutefois, s'agissant de la loi de finances, le projet est impérativement déposé dans les délais prévus à l'article 126 sur le Bureau de l'Assemblée nationale. Les propositions de loi sont, avant délibération et adoption, notifiées pour information au Gouvernement qui adresse, dans les quinze jours suivant leur transmission, ses observations éventuelles au Bureau de l'une ou l'autre Chambre. Passé ce délai, ces propositions de loi sont mises en délibération.

Article 131 Les membres du Gouvernement ont accès aux travaux de l'Assemblée nationale et du Sénat ainsi qu'à ceux de leurs commissions. S'ils en sont requis, les membres du Gouvernement ont l'obligation d'assister aux séances de l'Assemblée nationale et à celles du Sénat, d'y prendre la parole et de fournir aux parlementaires toutes les explications qui leur sont demandées sur leurs activités.

Article 132 La discussion des projets de loi porte, devant la première Chambre saisie, sur le texte déposé par le Gouvernement. Une Chambre saisie d'un texte déjà voté par l'autre Chambre ne délibère que sur le texte qui lui est transmis.

Article 133 Les membres du Gouvernement ont le droit de proposer des .amendements aux textes en discussion mais ne participent pas au vote.

Article 134 34 Les propositions de loi et les amendements formulés par les membres de l'Assemblée nationale ou du Sénat ne sont pas recevables lorsque leur adoption aurait pour conséquence soit une diminution des ressources publiques, soit la création ou l'aggravation d'une charge publique, à moins qu'ils ne soient assortis de propositions dégageant les recettes ou les économies correspondantes.

Article 135 Tout projet ou toute proposition de loi est examiné successivement par les deux Chambres en vue de l'adoption d'un texte identique. Lorsque, par suite d'un désaccord entre les deux Chambres, un projet ou une proposition de Ici n'a pu être adopté après une lecture par chaque Chambre, une commission mixte paritaire chargée de proposer un texte sur les dispositions restant en discussion est mise en place par les deux Bureaux. Le texte élaboré par la Commission mixte paritaire est soumis pour adoption aux deux Chambres. Si la Commission mixte paritaire ne parvient pas à l'adoption d'un texte unique ou si ce texte n'est pas approuvé dans les conditions prévues à l'alinéa précédent, l'Assemblée nationale statue définitivement. En ce cas, l'Assemblée nationale peut reprendre soit le texte élaboré par la Commission mixte paritaire, soit le dernier texte voté par elle, modifié, le cas échéant, par un ou plusieurs des amendements adoptés par le Sénat.

Article 136 Dans les six jours de son adoption, la loi est transmise au Président de la République pour sa promulgation. Le Premier ministre en reçoit ampliation.

Article 137 Dans un délai de quinze jours de 13 transmission, le Président de la République peut demander à l'Assemblée nationale ou au Sénat une nouvelle délibération de la loi ou de certains de ses articles. Cette nouvelle délibération ne peut être refusée. Le texte soumis à une seconde délibération est adopté par l'Assemblée nationale et le Sénat soit sous la forme initiale, soit après modification à la majorité é:bs~lue des membres qui les composent.

Article 138 Sans préjudice des autres dispositions de la présente Constitution, les moyens d'information et de contrôle de l'Assemblée nationale ou du Sénat, sur le Gouvernement, les entreprises publiques, les établissements et services publics sont:

1. la question orale ou écrite avec ou sans débat non suivi de vote ;
2. la question d'actualité ;
3. l'interpellation ;
4. la commission d'enquête ;
5. l'audition par les Commissions. Ces moyens de contrôle s'exercent dans les conditions déterminées par le Règlement intérieur de chacune des Chambres et donnent lieu, le cas échéant, à la motion de défiance ou de censure, conformément aux articles 146 et 147 de la présente Constitution. 35

Article 139 La Cour constitutionnelle peut être saisie d'un recours visant à faire déclarer une loi à promulguer non conforme à la Constitution par:

1. le Président de la République dans les quinze jours qui suivent la transmission à lui faite de la loi définitivement adoptée ;
2. le Premier ministre dans les quinze jours qui suivent la transmission à lui faite de la loi définitivement adoptée ;

3. le Président de l'Assemblée nationale ou le Président du Sénat dans les quinze jours qui suivent son adoption définitive ;
4. un nombre de députés ou de sénateurs au moins égal au dixième des membres de chacune des Chambres, dans les quinze jours qui suivent son adoption définitive. La loi ne peut être promulguée que si elle a été déclarée conforme à la Constitution par la Cour constitutionnelle qui se prononce dans les trente jours de sa saisine. Toutefois, à la demande du Gouvernement, s'il y a urgence, ce délai est ramené à huit jours. Passé ces délais, la loi est réputée conforme à la Constitution.
Article 140 Le Président de la République promulgue la loi dans les quinze jours de sa transmission après l'expiration des délais prévus par les articles 136 et 137 de la Constitution. A défaut de promulgation de la loi par le Président de la République dans les délais constitutionnels, la promulgation est de droit.
Article 141 Les lois sont revêtues du sceau de l'Etat et publiées au Journal officiel.
Article 142 La loi entre en vigueur trente jours après sa publication au journal officiel à moins qu'elle n'en dispose autrement. Dans tous les cas, le Gouvernement assure la diffusion en français et dans chacune des quatre langues nationales dans le délai de soixante jours à dater de la promulgation.
Article 143 Conformément aux dispositions de l'article 86 de la Constitution, le Président de la République déclare la guerre sur décision du Conseil des ministres après avis du Conseil supérieur de la défense et autorisation de deux Chambres il en informe la Nation par un message. Les droits et devoirs des citoyens, pendant la guerre ou en cas d'invasion ou d'attaque du territoire national par des forces de l'extérieur, font l'objet d'une loi.
Article 144 En application des dispositions de l'article 85 de la présente Constitution, l'état de siège, comme l'état d'urgence, est déclaré par le Président de la République. 36

L'Assemblée nationale et le Sénat se réunissent alors de plein droit. S'ils ne sont pas en session, une session extraordinaire est convoquée à cet effet conformément à l'article 116 de la présente Constitution. La clôture des sessions ordinaires ou extraordinaires est de droit retardée pour permettre, le cas échéant, l'application des dispositions de l'alinéa précédent. L'état d'urgence ou l'état de siège peut être proclamé sur tout ou partie du territoire de la République pour une durée de trente jours. L'ordonnance proclamant l'état d'urgence ou l'état de siège cesse de plein droit de produire ses effets après l'expiration du délai prévu à l'alinéa trois du présent article, à moins que l'Assemblée nationale et le Sénat, saisis par le Président de la République sur décision du Conseil des ministres, n'en aient autorisé la prorogation pour des périodes successives de quinze jours. L'Assemblée nationale et le Sénat peuvent, par une loi, mettre fin à tout moment à l'état d'urgence ou à l'état de siège.

Article 145 En cas d'état d'urgence ou d'état de siège, le Président de la République prend, par ordonnances délibérées en Conseil des ministres, les mesures nécessaires pour faire face à la situation. Ces ordonnances sont, dès leur signature, soumises à la Cour constitutionnelle qui, toutes affaires cessantes, déclare si elles dérogent, ou non à la présente Constitution.

Article 146 Le Premier ministre peut, après délibération du Conseil des ministres, engager devant l'Assemblée nationale la responsabilité du Gouvernement sur son programme, sur une déclaration de politique générale ou sur le vote d'un texte. L'Assemblée nationale met en cause la responsabilité du Gouvernement ou d'un membre du Gouvernement par le vote d'une motion de censure ou de défiance. La motion de censure contre le Gouvernement n'est recevable que si elle est signée par un quart des membres de l'Assemblée nationale. La motion de défiance contre un membre du Gouvernement n'est recevable que si elle est signée par un dixième des membres de l'Assemblée nationale. Le débat et le vote ne peuvent avoir lieu que quarante-huit heures après le dépôt de la motion. Seuls sont recensés les votes favorables à la motion .de censure ou de défiance qui ne peut être adoptée qu'à la majorité absolue des membres composant l'Assemblée nationale. Si la motion de censure ou de défiance est rejetée, ses signataires ne peuvent en proposer une nouvelle au cours de la même session. Le programme, la déclaration de politique générale ou le texte visé à l'alinéa 1er est considéré comme adopté sauf si une motion de censure est votée dans les conditions prévues aux alinéas 2 et 3 du présent article. Le Premier ministre a la faculté de demander au Sénat l'approbation d'une déclaration de politique générale.

Article 147 Lorsque l'Assemblée nationale adopte une motion de censure, le Gouvernement est réputé démissionnaire. Dans ce cas, le Premier ministre remet la démission du Gouvernement au Président de la République dans les vingt-quatre heures. Lorsqu'une motion de défiance contre un membre du Gouvernement est adoptée, celui-ci est réputé démissionnaire. 37

Article 148 En cas de crise persistante entre le Gouvernement et l'Assemblée nationale, le Président de la République peut, après consultation du Premier ministre et des Présidents de l'Assemblée nationale et du Sénat, prononcer la dissolution de l'Assemblée nationale. Aucune dissolution ne peut intervenir dans l'année qui suit les élections, ni pendant les périodes de l'état d'urgence ou de siège ou de guerre, ni pendant que la République est dirigée par un Président intérimaire. A la suite d'une dissolution de l'Assemblée nationale, la Commission électorale nationale indépendante convoque les électeurs en vue de l'élection, dans le délai de soixante jours suivant la date de publication de l'ordonnance de dissolution, d'une nouvelle Assemblée nationale.

Section 4 : Du pouvoir judiciaire

Paragraphe 1er : Des dispositions générales

Article 149 Le pouvoir judiciaire est indépendant du pouvoir législatif et du pouvoir exécutif. Il est dévolu aux Cours et Tribunaux qui sont: la Cour constitutionnelle, la Cour de cassation, le Conseil d'Etat, la Haute Cour militaire, les cours et tribunaux civils et militaires ainsi que les parquets rattachés à ces juridictions. La justice est rendue sur l'ensemble du territoire national au nom du peuple. Les arrêts et les jugements ainsi que les ordonnances des Cours et tribunaux sont exécutés au nom du Président de la République. Il ne peut être créé des Tribunaux extraordinaires ou d'exception sous quelque dénomination que ce soit. La loi peut créer des juridictions spécialisées. Le pouvoir judiciaire dispose d'un budget élaboré par le Conseil supérieur de la magistrature et transmis au Gouvernement pour être inscrit dans le budget général de l'Etat. Le Premier Président de la Cour de cassation en est l'ordonnateur. Il est assisté par le Secrétariat permanent du Conseil supérieur de la magistrature.

Article 150 Le pouvoir judiciaire est le garant des libertés individuelles et des droits fondamentaux des citoyens. Les juges ne sont soumis dans l'exercice de leur fonction qu'à l'autorité de la loi. Une loi organique fixe le statut des magistrats. Le magistrat du siège est inamovible. Il ne peut être déplacé que par une nomination nouvelle ou à sa demande ou par rotation motivée décidée par le Conseil supérieur de la magistrature.

Article 151 Le pouvoir exécutif ne peut donner d'injonction au juge dans l'exercice de sa juridiction, ni statuer sur les différends, ni entraver le cours de la justice, ni s'opposer à l'exécution d'une décision de justice. 38 Le pouvoir législatif ne peut ni statuer sur des différends juridictionnels, ni modifier une décision de justice, ni s'opposer à son exécution. Toute loi dont l'objectif est manifestement de fournir une solution à un procès en cours est nulle et de nul effet.

Article 152 Le Conseil supérieur de la magistrature est l'organe de gestion du pouvoir judiciaire. Le Conseil supérieur de la magistrature est composé de:
1. Président de la Cour constitutionnelle ;
2. Procureur général près la Cour constitutionnelle ;
3. Premier Président de la Cour de cassation ;
4. Procureur général près la Cour de cassation ;
5. Premier Président du Conseil d'Etat ;
6. Procureur général près le Conseil d'Etat ;
7. Premier Président de la Haute Cour militaire ;
8. Auditeur général près la Haute Cour militaire ;
9. Premiers Présidents des Cours d'Appel ;
10. Procureurs Généraux près les Cours d'Appel ;
11. Premiers Présidents des Cours administratives d'Appel ;
12. Procureurs Généraux près les Cours administratives d'Appel ;
13. Premiers Présidents des Cours militaires ;
14. Auditeurs militaires supérieurs ;
15. deux magistrats de siège par ressort de Cour d'Appel, élus par l'ensemble des magistrats du ressort pour un mandat de trois ans ;
16. deux magistrats du parquet par ressort de Cour d'Appel, élus par l'ensemble des magistrats du ressort pour un mandat de trois ans ;
17. un magistrat de siège par ressort de Cour militaire ;
18. un magistrat de parquet par ressort de Cour militaire. Il élabore les propositions de nomination, de promotion et de révocation des magistrats. Il exerce le pouvoir disciplinaire sur les magistrats. Il donne ses avis en matière de recours en grâce. Une loi organique détermine l'organisation et 'e fonctionnement du Conseil supérieur de la magistrature.

Paragraphe 2 : Des juridictions de l'ordre judiciaire

Article 153 Il est institué un ordre de juridictions judiciaires, composé des cours et tribunaux civils et militaires placés sous le contrôle de la Cour de cassation. Sans préjudice des autres compétences qui lui sont reconnues par la présente

Constitution ou par les lois de la République, la Cour de cassation connaît des pourvois en cassation formés contre les arrêts et jugements rendus en dernier ressort par les cours et tribunaux civils et militaires. Dans les conditions fixées par la Constitution et les lois de la République, la Cour de cassation connaît en premier et dernier ressort des infractions commises par:

1. les membres de l'Assemblée nationale et du Sénat ;
2. les membres du Gouvernement autres que le Premier ministre ;
3. les membres de la Cour constitutionnelle ; 39
4. les magistrats de la Cour de cassation ainsi que du parquet près cette Cour ;
5. les membres du Conseil d'Etat et les membres du Parquet près ce Conseil ;
6. les membres de la Cour des Comptes et les membres du parquet près cette Cour ;
7. les Premiers Présidents des Cours d'appel ainsi que les Procureurs généraux près ces cours ;
8. les Premiers Présidents des Cours administratives d'appel et les Procureurs près ces cours ;
9. les Gouverneurs, les Vice-gouverneurs de province et les ministres provinciaux ;
10. les Présidents des Assemblées provinciales. Les Cours et Tribunaux, civils et militaires, appliquent les traités internationaux dûment ratifiés, les lois, les actes réglementaircs pour autant. qu'ils soient conformes aux lois ainsi que la coutume pour autant que celle-ci ne soit pas contraire à l'ordre public ou aux bonnes mœurs. L'organisation, le fonctionnement et les compétences des juridictions de l'ordre judiciaire sont déterminés par une loi organique.

Paragraphe 3 : Des juridictions de l'ordre administratif

Article 154 Il est institué un ordre de juridictions administratives composé du Conseil d'Etat et des Cours et Tribunaux administratifs.

Article 155 Sans préjudice des autres compétences que lui reconnaît la Constitution ou la loi, le Conseil d'Etat connaît, en premier et dernier ressort, des recours pour violation de la loi, formés .contre les actes, règlements et décisions des autorités administratives centrales. Il connaît en appel des recours contre les décisions des Cours administratives d'appel. Il connaît, dans les cas où il n'existe pas d'autres juridictions compétentes, de demandes d'indemnités relatives à la réparation d'un dommage exceptionnel, matériel ou moral résultant d'une mesure prise ou ordonnée par les autorités de la République. Il se prononce en équité en tenant compte de toutes les circonstances d'intérêt public ou privé. L'organisation, la compétence et le fonctionnement des juridictions de l'ordre administratif sont fixés par une loi organique.

Paragraphe 4 : Des juridictions militaires

Article 156 Les juridictions militaires connaissent des infractions commises par les membres des Forces armées et de la Police nationale. En temps de guerre ou lorsque l'état de siège ou d'urgence est proclamé, le Président de la République, par une décision délibérée en Conseil des ministres, peut suspendre sur tout ou partie de la République et pour la durée et les infractions qu'il fixe, l'action répressive des Cours et Tribunaux de droit commun au profit de celle des juridictions militaires. Cependant, le droit d'appel ne peut être suspendu. Une loi organique fixe les règles de compétence, d'organisation et de fonctionnement des juridictions militaires.

Paragraphe 5 : De la Cour constitutionnelle 40

Article 157 Il est institué une Cour constitutionnelle.

Article 158 La Cour constitutionnelle comprend neuf membres nommés par le Président de la République dont trois sur sa propre initiative, trois désignés par le Parlement réuni en Congrès et trois désignés par le Conseil supérieur de la magistrature. Les deux tiers des membres de la Cour

Constitutionnelle doivent être des juristes provenant de la magistrature, du barreau ou de l'enseignement universitaire. Le mandat des membres de la Cour constitutionnelle est de neuf ans non renouvelable. La Cour constitutionnelle est renouvelée par tiers tous les trois ans. Toutefois, lors de chaque renouvellement, il sera procédé au tirage au sort d'un membre par groupe. Le Président de la Cour constitutionnelle est élu par ses pairs pour une durée de trois ans renouvelable une seule fois. Il est investi par ordonnance du Président de la République.

Article 159 Nul ne peut être nommé membre de la Cour constitutionnelle:

1. s'il n'est congolais
2. s'il ne justifie d'une expérience éprouvée de quinze ans dans les domaines juridique ou politique.

Article 160 La Cour constitutionnelle est chargée du contrôle de la constitutionnalité des lois et des actes ayant force de loi. Les lois organiques, avant leur promulgation, et les Règlements intérieurs des Chambres parlementaires et du Congrès, de la Commission électorale nationale indépendante ainsi que du Conseil supérieur de l'audiovisuel et de la communication, avant leur mise en application, doivent être soumis à la Cour constitutionnelle qui se prononce sur leur conformité à la Constitution. Aux mêmes fins d'examen de la constitutionnalité, les lois peuvent être déférées à la Cour constitutionnelle, avant leur promulgation, par le Président de la République, le Premier ministre, le Président de l'Assemblée nationale, le Président du Sénat ou le dixième des députés ou des sénateurs. La Cour constitutionnelle statue dans le délai de trente jours. Toutefois, à la demande du Gouvernement, s'il y a urgence, ce délai est ramené à huit jours.

Article 161 La Cour constitutionnelle connaît des recours en interprétation de la Constitution sur saisine du Président de la République, du Gouvernement, du Président du Sénat, du Président de l'Assemblée nationale, d'un dixième des membres de chacune des Chambres parlementaires, des

Gouverneurs de province et des Présidents des Assemblées provinciales. Elle juge du contentieux des élections présidentielles et législatives ainsi que du référendum. Elle connaît des conflits de compétences entre le pouvoir exécutif et le pouvoir législatif ainsi qu'entre l'Etat et les provinces. 41 Elle connaît des recours contre les arrêts rendus par la Cour de cassation et le Conseil d'Etat, uniquement en tant qu'ils se prononcent sur l'attribution du litige aux juridictions de l'ordre judiciaire ou administratif. Ce recours n'est recevable que si un déclinatoire de juridiction a été soulevé par ou devant la Cour de cassation ou le Conseil d'Etat. Les modalités et les effets des recours visés aux alinéas précédents sont déterminés par la loi.

Article 162 La Cour constitutionnelle est juge de l'exception d'inconstitutionnalité soulevée devant ou par une juridiction. Toute personne peut saisir la Cour constitutionnelle pour inconstitutionnalité de tout acte législatif ou réglementaire. Elle peut, en outre, saisir la Cour constitutionnelle, par la procédure de l'exception de l'inconstitutionnalité invoquée dans une affaire qui la concerne devant une juridiction. Celle-ci sursoit à statuer et saisit, toutes affaires cessantes, la Cour constitutionnelle.

Article 163 La Cour constitutionnelle est la juridiction pénale du Chef de l'Etat et du Premier ministre dans les cas et conditions prévus par la Constitution.

Article 164 La Cour constitutionnelle est le juge pénal du Président de la République et du Premier ministre pour des infractions politiques de haute trahison, d'outrage au Parlement, d'atteinte à l'honneur ou à la probité ainsi que pour les délits d'initié et pour les autres infractions de droit commun commises dans l'exercice ou à l'occasion de l'exercice de leurs fonctions. Elle est également compétente pour juger leurs co-auteurs et complices.

Article 165 Sans préjudice des autres dispositions de la présente Constitution, il y a haute trahison lorsque le Président de la République a violé intentionnellement la Constitution ou lorsque lui ou le Premier ministre sont reconnus auteurs, co-auteurs ou complices de violations graves et caractérisées des Droits de l'Homme, de cession d'une partie du territoire national. Il y a atteinte à l'honneur ou à la probité notamment lorsque le comportement personnel du Président de la République ou du Premier ministre est contraire aux bonnes mœurs ou qu'ils sont reconnus auteurs, co-auteurs ou complices de malversations, de corruption ou d'enrichissement illicite. Il y a délit d'initié dans le chef du Président de la République ou du Premier ministre lorsqu'il effectue des opérations sur valeurs immobilières ou sur marchandises à l'égard desquelles il possède des informations privilégiées et dont il tire profit avant que ces informations soient connues du public. Le délit d'initié englobe l'achat ou la vente d'actions fondées sur des renseignements qui ne seraient jamais divulgués aux actionnaires. Il y a outrage au Parlement lorsque sur des questions posées par l'une ou l'autre Chambre du Parlement sur l'activité gouvernementale, le Premier ministre ne fournit aucune réponse dans un délai de trente jours.

Article 166 42 La décision de poursuites ainsi que la mise en accusation du Président de la République et du Premier ministre sont votées à la majorité des deux tiers des membres du Parlement composant le Congrès suivant la procédure prévue par le Règlement intérieur. La décision de poursuites ainsi que la mise en accusation des membres du Gouvernement sont votées à la majorité absolue des membres composant l'Assemblée nationale suivant la procédure prévue par le Règlement intérieur. Les membres du Gouvernement mis en accusation, présentent leur démission.

Article 167 En cas de condamnation, le Président de la République et le Premier ministre sont déchus de leurs charges. La déchéance est prononcée par la Cour constitutionnelle. Pour les infractions commises en dehors de l'exercice de leurs fonctions, les poursuites contre le Président de la République et le Premier ministre sont suspendues jusqu'à l'expiration de leurs mandats. Pendant ce temps, la prescription est suspendue.

Article 168 Les arrêts de la Cour constitutionnelle ne sont susceptibles d'aucun recours et sont immédiatement exécutoires. Ils sont obligatoires et s'imposent aux pouvoirs publics, à toutes les autorités administratives et juridictionnelles, civiles et militaires ainsi qu'aux particuliers. Tout acte déclaré non conforme à la Constitution est nul de plein droit.

Article 169 L'organisation et le fonctionnement de la Cour constitutionnelle sont fixés par une loi organique.

Section 5 : Des Finances publiques

Paragraphe 1er: Des dispositions générales

Article 170 Le Franc congolais est l'unité monétaire de la République Démocratique du Congo. Il a le pouvoir libératoire sur tout le territoire national.

Article 171 Les finances du pouvoir central et celles des provinces sont distinctes.

Article 172 L'exercice budgétaire commence le premier janvier et se termine le 31 décembre.

Article 173 Le compte général de la République est soumis chaque année au Parlement par la Cour des comptes avec ses observations. Le compte général de la République est arrêté par la loi. 43

Article 174 Il ne peut être établi d'impôts que par la loi. La contribution aux charges publiques constitue un devoir pour toute personne vivant en République Démocratique du Congo. Il ne peut être établi d'exemption ou d'allègement fiscal qu'en vertu de la loi.

Article 175 Le budget des recettes et des dépenses de l'Etat, à savoir celui du pouvoir central et des provinces, est arrêté chaque année par une loi. La part des recettes à caractère national allouées aux provinces est établie à 40%. Elle est retenue à la source. La loi fixe la nomenclature des autres recettes locales et la modalité de leur répartition.

Paragraphe 2 : De la Banque Centrale

Article 176 La Banque centrale du Congo est l'institut d'émission de la République Démocratique du Congo. A ce titre, elle a pour mission:

1. la garde des fonds publics ;
2. la sauvegarde et la stabilité monétaire ;
3. la définition et la mise en œuvre de la politique monétaire ;
4. le contrôle de l'ensemble de l'activité bancaire ;
5. de conseil économique et financier du Gouvernement.

Dans la réalisation de ces missions et attributions, la Banque centrale du Congo est indépendante et jouit de l'autonomie de gestion.

Article 177 L'organisation et le fonctionnement de la Banque centrale du Congo sont fixés par une loi organique.

Paragraphe 3 : De la Cour des comptes

Article 178 Il est institué en République Démocratique du Congo une Cour des comptes. La Cour des comptes relève de l'Assemblée nationale. Les membres de la Cour des comptes sont nommés, relevés de leurs fonctions et, le cas échéant, révoqués par le Président de la République, après avis de l'Assemblée nationale. Les membres de la Cour des comptes doivent justifier d'une haute qualification en matière financière, juridique ou administrative et d'une expérience professionnelle d'au moins dix ans.

Article 179 La composition, l'organisation et le fonctionnement de la Cour des comptes sont fixés par une loi organique. 44

Article 180 La Cour des comptes contrôle, dans les conditions fixées par la loi, la gestion des finances de l'Etat, des biens publics ainsi que les comptes des provinces, des entités territoriales décentralisées ainsi que des organismes publics. Elle publie, chaque année, un rapport remis au Président de la République, au Parlement et au Gouvernement. Le rapport est publié au Journal officiel.

Paragraphe 4 : De la Caisse nationale de péréquation

Article 181 Il est institué une Caisse nationale de péréquation. Elle est dotée de la personnalité juridique. La Caisse nationale de péréquation a pour mission de financer des projets et programmes d'investissement public, en vue d'assurer la solidarité nationale et de corriger le déséquilibre de développement entre les provinces et entre les autres entités territoriales décentralisées. Elle dispose d'un budget alimenté par le Trésor public à concurrence de dix pour cent de la totalité des recettes à caractère national revenant à l'Etat chaque année. Elle est placée sous la tutelle du Gouvernement. Une loi organique fixe son organisation et son fonctionnement.

Section 6: De la Police nationale et des Forces armées

Paragraphe 1er: De la Police nationale

Article 182 La Police nationale est chargée de la sécurité publique, de la sécurité des personnes et de leurs biens, du maintien et du rétablissement de l'ordre public ainsi que de la protection rapprochée des hautes autorités.

Article 183 La Police nationale est apolitique. Elle est au service de la Nation congolaise. Nul ne peut la détourner à ses fins propres. La Police nationale exerce son action sur l'ensemble du territoire national dans le respect de la présente Constitution et des lois de la République.

Article 184 La Police nationale est soumise à l'autorité civile locale et est placée sous la responsabilité du ministère qui a les affaires intérieures dans ses attributions. 45

Article 185 Les effectifs, à tous les niveaux, les fonctions de commandement en tout temps et en toute circonstance, doivent tenir compte des critères objectifs liés à la fois à l'aptitude physique, à une instruction suffisante et à une moralité éprouvée ainsi qu'à une représentation équitable des provinces.

Article 186 Une loi organique fixe l'organisation et le fonctionnement de la Police nationale.

Paragraphe 2 : Des Forces armées

Article 187 Les Forces armées comprennent la force terrestre, la force aérienne, la force navale et leurs services d'appui. Elles ont pour mission de défendre l'intégrité du territoire national et les frontières. Dans les conditions fixées par la loi, elles participent, en temps de paix, au développement économique, social et culturel ainsi qu'à la protection des personnes et de leurs biens.

Article 188 Les Forces armées sont républicaines. Elles sont au service de la Nation tout entière. Nul ne peut, sous peine de haute trahison, les détourner à ses fins propres. Elles sont apolitiques et soumises à l'autorité civile.

Article 189 Les effectifs à tous les niveaux, les fonctions de commandement en tout temps et en toute circonstance, doivent tenir compte des critères objectifs liés à la fois à l'aptitude physique, à une instruction suffisante, à une moralité éprouvée ainsi qu'à une représentation équitable des provinces.

Article 190 Nul ne peut, sous peine de haute trahison, organiser des formations militaires, paramilitaires ou des milices privées, ni entretenir une jeunesse armée.

Article 191 Une loi organique fixe l'organisation et le fonctionnement des Forces armées.

Article 192 Il est institué un Conseil supérieur de la défense. 46 Le Conseil supérieur de la défense est présidé par le Président de la République et, en cas d'absence ou d'empêchement, par le Premier ministre. Une loi organique détermine l'organisation, la composition, les attributions et le fonctionnement du Conseil supérieur de la défense.

Section 7: De l'Administration publique

Article 193 L'Administration Publique est apolitique, neutre et impartiale. Nul ne peut la détourner à des fins personnelles ou partisanes. Elle comprend la fonction publique ainsi que tous les organismes et services assimilés.

Article 194 Une loi organique fixe l'organisation et le fonctionnement des services publics du pouvoir central, des provinces et des entités territoriales décentralisées.

Chapitre 2 : Des provinces

Section 1ère: Des institutions politiques provinciales

Article 195 Les institutions provinciales sont: 1. l'Assemblée provinciale ; 2. le Gouvernement provincial.

Article 196 Les provinces sont organisées conformément aux principes énoncés à l'article 3 de la présente Constitution. Les subdivisions territoriales à l'intérieur des provinces sont fixées par une loi organique.

Article 197 L'Assemblée provinciale est l'organe délibérant de la province. Elle délibère dans le domaine des compétences réservées à la province et contrôle le Gouvernement provincial ainsi que les services publics provinciaux et locaux. Elle légifère par voie d'édit. Ses membres sont appelés députés provinciaux. Ils sont élus au suffrage universel direct et secret ou cooptés pour un mandat de cinq ans renouvelable. Le nombre de députés provinciaux cooptés ne peut dépasser le dixième des membres qui composent l'Assemblée provinciale. Sans préjudice des autres dispositions de la présente Constitution, les dispositions des articles 100, 101, 102, 103, 108 et 109 sont applicables, mutatis mutandis, aux Assemblées provinciales. 47

Articles 198 Le Gouvernement provincial est composé d'un Gouverneur, d'un Vice-Gouverneur et des ministres provinciaux. Le Gouverneur et le Vice-Gouverneur sont élus pour un mandat de cinq ans renouvelable une seule fois par les députés provinciaux au sein ou en dehors de l'Assemblée provinciale. Ils sont investis par ordonnance du Président de la République. Les ministres provinciaux sont désignés par le Gouverneur au sein ou en dehors de l'Assemblée provinciale. La composition du Gouvernement provincial tient compte de la représentativité provinciale. Le nombre de ministres provinciaux ne peut dépasser dix. Avant d'entrer en fonction, le Gouverneur présente à l'Assemblée provinciale le programme de son Gouvernement. Lorsque ce programme est approuvé à la majorité absolue des membres qui composent l'Assemblée provinciale, celle-ci investit les ministres. Les membres du Gouvernement provincial peuvent être, collectivement ou individuellement, relevés de leurs fonctions par le vote d'une motion de censure ou de défiance de l'Assemblée provinciale. Les dispositions des articles 146 et 147 de la présente Constitution s'appliquent, mutatis mutandis, aux membres du Gouvernement provincial.

Article 199 Deux ou plusieurs provinces peuvent, d'un commun accord, créer un cadre d'harmonisation et de coordination de leurs politiques respectives et gérer en commun certains services dont les attributions portent sur les matières relevant de leurs compétences.

Article 200 Il est institué une Conférence des Gouverneurs de province. Elle a pour mission d'émettre des avis et de formuler des suggestions sur la politique à mener et sur la législation à édicter par la République. La Conférence des Gouverneurs de province est composée, outre les Gouverneurs de province, du Président de la République, du Premier ministre et du ministre de l'Intérieur. Tout autre membre du Gouvernement peut y être invité. Elle est présidée par le Président de la République. Elle se réunit au moins deux fois par an sur convocation de son Président. Elle se tient à tour de rôle dans chaque province. Une loi organique en détermine les modalités d'organisation et de fonctionnement.

Section 2: De la répartition des compétences entre le pouvoir central et les provinces

Article 201 La répartition des compétences entre le pouvoir central et les provinces est fixée par la présente Constitution. Les matières sont, soit de la compétence exclusive du pouvoir central, soit de la compétence concurrente du pouvoir central et des provinces, soit de la compétence exclusive des provinces. 48

Article 202 Sans préjudice des autres dispositions de la présente Constitution, les matières suivantes sont de la compétence exclusive du pouvoir central:

1. les affaires étrangères comprenant les relations diplomatiques ainsi que les traités et accords internationaux ;
2. la réglementation du commerce extérieur ;
3. la nationalité, le statut et la police des étrangers ;
4. l'extradition, l'immigration, l'émigration et la délivrance des passeports et des visas ;
5. la sûreté extérieure ;
6. la défense nationale ;
7. la police nationale ;
8. la fonction publique nationale ;
9. les finances publiques de la République ;
10. l'établissement des impôts sur le revenu, des impôts sur les sociétés et des impôts personnels conformément à l'article 174 ;
11. la dette publique de la République ;
12. las emprunts extérieurs pour les besoins de la République ou des provinces ;
13. les emprunts intérieurs pour les besoins de la République ;
14. la monnaie, l'émission de la monnaie et le pouvoir libératoire de la monnaie ;
15. les poids, mesures et informatique ;
16. les douanes et les droits d'importation et d'exportation ;
17. la réglementation concernant les banques et les opérations bancaires et boursières ;
18. la réglementation des changes ;
19. la propriété littéraire, artistique et industrielle et les brevets.
20. les postes et les télécommunications, y compris les téléphones et télégraphes, la radiodiffusion, la télévision et les satellites ;

21. la navigation maritime et intérieure, les lignes aériennes, les chemins de fer, les routes et autres voies de communication, naturelles ou artificielles qui relient deux ou plusieurs provinces ou le territoire de la République à un territoire étranger ou qu'une loi nationale a déclarée d'intérêt national bien qu'elles soient entièrement situées sur le territoire d'une province ;
22. les universités et autres établissements d'enseignement scientifique, technique ou professionnel supérieur créés ou subventionnés par le Gouvernement central ou par les Gouvernements provinciaux et qu'une loi nationale a déclarés d'intérêt national ;
23. l'établissement des normes d'enseignement applicables dans tous les territoires de la République ;
24. l'acquisition des biens pour les besoins de la République, sans préjudice des dispositions de l'article 34 ;
25. l'élaboration des programmes agricoles, forestiers et énergétiques d'intérêt national et la coordination des programmes d'intérêt provincial ; Les offices des produits agricoles et les organismes assimilés ainsi que la répartition des cadres, conformément au statut des agents de carrière des services publics de l'Etat ; Les régimes énergétiques, agricoles et forestiers sur la chasse et la pêche, sur la conservation de la nature (flore et faune), sur la capture, sur l'élevage, sur les denrées alimentaires d'origine animale et l'art vétérinaire.
26. la protection contre les dangers occasionnés par l'énergie ou par les radiations et l'élimination des substances radioactives ;
27. la prévention des abus des puissances économiques ; 49
28. le patrimoine historique, les monuments publics et les parcs déclarés d'intérêt national ;
29. les services de la météorologie et la coordination technique des services de la géodésie, de la cartographie et de l'hydrographie ;

30. la nomination et l'affectation des inspecteurs provinciaux de l'enseignement primaire, secondaire, professionnel et spécial ;
31. les statistiques et le recensement d'intérêt national ;
32. la planification nationale ;
33. la recherche scientifique et technologique ;
34. les plans directeurs nationaux de développement des infrastructures de base, notamment les ports, les aéroports, les gares ;
35. l'assistance aux anciens combattants et les handicapés de guerre ;
36. la législation notamment concernant:
a) le code de commerce, y compris les assurances, la constitution et l'agrément des sociétés ;
b) le code pénal, le régime pénitentiaire ;
c) le code d'organisation et de compétence judiciaires et le code judiciaire ;
d) la législation pour les professions libérales ;
e) la législation du travail comprenant notamment les lois régissant les relations entre employeurs et travailleurs, la sécurité des travailleurs, les règles relatives à la sécurité sociale et, en particulier, les règles relatives aux assurances sociales et au chômage involontaire ;
f) la législation économique comprenant les lois concernant les mines, minéraux et huiles minérales, l'industrie, les sources d'énergie et la conservation des ressources naturelles ;
g) la législation sur les arts et métiers ;
h) la législation médicale et l'art de guérir, la médecine préventive, notamment l'hygiène, la salubrité publique et la protection maternelle et infantile, la législation sur la profession de pharmacien, sur le commerce pharmaceutique, sur l'immigration et le transit, les règlements sanitaires bilatéraux et internationaux, la législation sur l'hygiène du travail, la coordination technique des laboratoires médicaux et la répartition des médecins ;
i) la loi électorale ;

j) la législation sur la fabrication, la rectification, l'importation, l'exportation et la vente de l'alcool obtenu par la distillation ;
k) la législation sur la fabrication, l'importation et l'exportation, la vente des boissons alcoolisées et non alcoolisées ;
l) la législation sur la fabrication, l'importation, l'exportation et le transit des matériels de guerre ;
m) la législation sur la fécondation artificielle chez l'être humain, sur la manipulation des informations génétiques et sur les transplantations d'organes et des tissus humains ;
n) la législation sur les réfugiés, les expulsés et les personnes déplacées ;
o) la législation sur l'admission aux professions médicales et aux autres professions et activités.

Article 203 Sans préjudice des autres dispositions de la présente Constitution, les matières suivantes sont de la compétence concurrente du pouvoir central et des provinces:

1. la mise en œuvre des mécanismes de promotion et de sauvegarde des droits humains et des libertés fondamentales consacrés dans la présente Constitution ;
2. les droits civils et coutumiers ;
3. les statistiques et les recensements ;
4. la sûreté intérieure ;
5. l'administration des cours et tribunaux, des maisons d'arrêt et de correction et des prisons ; 50
6. la vie culturelle et sportive ;
7. l'établissement des impôts, y compris les droits d'accise et de consommation, à l'exclusion des impôts visés à l'article 174 ;
8. l'exécution des mesures sur la Police des étrangers ;
9. la recherche scientifique et technologique ainsi que les bourses d'études, de perfectionnement et d'encouragement à la recherche ;
10. les institutions médicales et philanthropiques, l'engagement du personnel médical et agricole de commandement ;

11. la mise en œuvre des programmes de la météorologie, de la géologie, de la cartographie et de l'hydrologie ;
12. les calamités naturelles:
13. la presse, la radio, la télévision, l'industrie cinématographique ;
14. la protection civile ;
15. le tourisme ;
16. les droits fonciers et miniers, l'aménagement du territoire, le régime des eaux et forêts ;
17. la prévention des épidémies et épizooties dangereuses pour la collectivité ;
18. la protection de l'environnement, des sites naturels, des paysages et la conservation des sites ;
19. la réglementation sur les régimes énergétiques, agricoles et forestiers, l'élevage, les denrées alimentaires d'origine animale et végétale ;
20. la création des établissements primaires, secondaires, supérieurs et universitaires ;
21. le trafic routier, la circulation automobile, la construction et l'entretien des routes d'intérêt national, la perception et la répartition des péages pour l'utilisation des routes construites par le pouvoir central et/ou par la province ;
22. les institutions médicales et philanthropiques ;
23. l'initiative des projets, programmes et accords de coopération économique, culturelle, scientifique et sociale internationale ;
24. la production, le transport, l'utilisation et l'exploitation de l'énergie ;
25. la protection des groupes des personnes vulnérables.

Article 204 Sans préjudice des autres dispositions de la présente Constitution, les matières suivantes sont de la compétence exclusive des provinces:
1. le plan d'aménagement de la province ;
2. la coopération interprovinciale ;
3. la fonction publique provinciale et locale ;
4. l'application des normes régissant l'état civil ;

5. les finances publiques provinciales ; 5. la dette publique provinciale ;
6. les emprunts intérieurs pour les besoins des provinces ;
7. la délivrance et la conservation des titres immobiliers dans le respect de la législation nationale ;
9. l'organisation du petit commerce frontalier ;
10. l'organisation et le fonctionnement des services publics, établissements et entreprises publics provinciaux dans le respect de la législation nationale ;
11. les travaux et marchés publics d'intérêt provincial et local ;
12. l'acquisition des biens pour les besoins de la province ;
13. l'enseignement maternel, primaire, secondaire, professionnel et spécial ainsi que l'alphabétisation des citoyens, conformément aux normes établies par le pouvoir central ; 51
14. l'établissement des peines d'amende ou de prison pour assurer le respect des édits en conformité avec la législation nationale ;
15. les communications intérieures des provinces ;
16. les impôts, les taxes et les droits provinciaux et locaux, notamment l'impôt foncier, l'impôt sur les revenus locatifs et l'impôt sur les véhicules automoteurs ;
17. la fixation des salaires minima provinciaux, conformément à la législation nationale ;
18. l'affectation du personnel médical, conformément au statut des agents de carrière des services publics de l'Etat, l'élaboration des programmes d'assainissement et de campagne de lutte contre les maladies endémo épidémiques conformément au plan national: l'organisation des services d'hygiène et de prophylaxie provinciale, l'application et le contrôle de la législation médicale et pharmaceutique nationale ainsi que l'organisation des services de la médecine curative, des services philanthropiques et missionnaires, des laboratoires médicaux et des services pharmaceutiques, l'organisation et la promotion des soins de santé primaires ;

19. l'élaboration des programmes miniers, minéralogiques, industriels, énergétiques d'intérêt provincial et leur exécution conformément aux normes générales du planning national ;
20. l'élaboration des programmes agricoles et forestiers et leur exécution conformément aux normes du planning national, l'affectation du personnel agricole, des cadres conformément aux dispositions du statut des agents de carrière des services publics de l'Etat, l'application de la législation nationale concernant l'agriculture, la forêt, la chasse et la pêche ainsi que l'environnement, la conservation de la nature et la capture des animaux sauvages, l'organisation et le contrôle des campagnes agricoles, la fixation des prix des produits agricoles ;
21. l'affectation en province du personnel vétérinaire, conformément au statut des agents de carrière des services publics de l'Etat ; l'élaboration des programmes de campagne de santé animale et l'application des mesures de police sanitaire vétérinaire, notamment en ce qui concerne les postes frontaliers et de quarantaine ;
22. l'organisation des campagnes de vaccination contre les maladies enzootiques, l'organisation des laboratoires, cliniques et dispensaires de la provenderie ainsi que l'application de la législation nationale en matière vétérinaire, l'organisation de la promotion de santé de base ;
23. le tourisme, le patrimoine historique, les monuments publics et les parcs d'intérêt provincial et local ;
24. l'habitat urbain et rural, la voirie et les équipements collectifs provinciaux et locaux ;
25. l'inspection des activités culturelles et sportives provinciales ;
26. l'exploitation des sources d'énergie non nucléaire et la production de l'eau pour les besoins de la province ;
27. l'exécution des mesures du droit de résidence et d'établissement des étrangers, conformément à la loi ;
28. l'exécution du droit coutumier ;
29. la planification provinciale.

Article 205 Une assemblée provinciale ne peut légiférer sur les matières de la compétence exclusive du pouvoir central. Réciproquement, l'Assemblée nationale et le Sénat ne peuvent légiférer sur les matières de la compétence exclusive d'une province. Toutefois, l'Assemblée nationale et le Sénat peuvent, par une loi, habiliter une Assemblée provinciale à prendre des édits sur des matières de la compétence exclusive du pouvoir central. Lorsque l'Assemblée nationale et le Sénat mettent fin à la délégation de pouvoir ainsi donnée à l'Assemblée provinciale, les dispositions des édits provinciaux promulgués en des 52 matières de la compétence exclusive du pouvoir central, en vertu de cette délégation de pouvoir, demeurent cependant en vigueur dans la province intéressée jusqu'à ce qu'une loi nationale ait réglé ces matières. Pareillement, une Assemblée provinciale peut, par un édit, habiliter l'Assemblée nationale et le Sénat à légiférer sur des matières de la compétence exclusive de la province. Lorsque l'Assemblée provinciale met fin à la délégation de pouvoir ainsi donnée à l'Assemblée nationale et au Sénat, les dispositions des lois nationales promulguées en des matières de la compétence exclusive des provinces, en vertu de cette délégation de pouvoir, demeurent cependant en vigueur dans la province intéressée jusqu'à ce qu'un édit provincial les ait réglées. Dans les matières relevant de la compétence concurrente du pouvoir central et des provinces, tout édit provincial incompatible avec les lois et règlements d'cxécution nationaux est nul et abrogé de plein droit, dans la mesure où il y a incompatibilité. La législation nationale prime sur l'édit provincial.

Article 206 Sauf dispositions contraires de la législation nationale, les Gouvernements provinciaux exécutent, par l'intermédiaire de leurs services, les lois et les règlements nationaux.

Section 3 : De l'autorité coutumière,

Article 207 L'autorité coutumière est reconnue. Elle est dévolue conformément à la coutume locale, pour autant que celle-ci ne soit pas contraire à la Constitution, à la loi, à l'ordre public et aux bonnes mœurs. Tout chef coutumier désireux d'exercer un mandat public électif doit se soumettre à l'élection, sauf application des dispositions de l'article 197 alinéa 3 de la présente Constitution. L'autorité coutumière a le devoir de promouvoir l'unité et la cohésion nationales. Une loi fixe le/statut des chefs coutumiers.

TITRE IV :
DU CONSEIL ECONOMIQUE ET SOCIAL

Article 208 Il est institué en République Démocratique du Congo un Conseil économique et social.

Article 209 Le Conseil économique et social a pour mission de donner des avis consultatifs sur les questions économiques et sociales lui soumises par le Président de la République, l'Assemblée nationale, le Sénat et le Gouvernement. Il peut, de sa propre initiative, appeler l'attention du Gouvernement et des provinces sur les réformes qui lui paraissent de nature à favoriser le développement économique et social du pays.

Article 210 53 Une loi organique détermine l'organisation et le fonctionnement du Conseil économique et social.

TITRE V:
DES INSTITUTIONS D'APPUI A LA DEMOCRATIE

Chapitre 1er: De la Commission électorale nationale indépendante

Article 211 Il est institué une Commission électorale nationale indépendante dotée de la personnalité juridique. La Commission électorale nationale indépendante est chargée de l'organisation du processus électoral, notamment de l'enrôlement des électeurs, de la tenue du fichier électoral, des opérations de vote, de dépouillement et de tout référendum. Elle assure la régularité du processus électoral et référendaire. Une loi organique fixe l'organisation et le fonctionnement de la Commission électorale nationale indépendante.

Chapitre 2 : Du Conseil supérieur de l'audiovisuel et de la communication

Article 212 Il est institué un Conseil supérieur de l'audiovisuel et de la communication dotée de la personnalité juridique. Il a pour mission de garantir et d'assurer la liberté et la protection de la presse, ainsi que de tous les moyens de communication de masse dans le respect de la loi. Il veille au respect de la déontologie en matière d'information et à l'accès équitable des partis politiques, des associations et des citoyens aux moyens officiels d'information et de communication. La composition, les attributions, l'organisation et le fonctionnement du Conseil supérieur de l'audiovisuel et de la communication sont fixés par une loi organique.

TITRE VI :
DES TRAITES ET ACCORDS INTERNATIONAUX

Article 213 Le Président de la République négocie et ratifie les traités et accords internationaux. 54 Le Gouvernement conclut les accords internationaux non soumis à ratification après délibération en Conseil des ministres. Il en informe l'Assemblée nationale et le Sénat.

Article 214 Les traités de paix, les traités de commerce, les traités et accords relatifs aux organisations internationales et au règlement des conflits internationaux, ceux qui engagent les finances publiques, ceux qui modifient les dispositions législatives, ceux qui sont relatifs à l'état des personnes, ceux qui comportent échange et adjonction de territoire ne peuvent être ratifiés ou approuvés qu'en vertu d'une loi. Nulle cession, nul échange, nulle adjonction de territoire n'est valable sans l'accord du peuple congolais consulté par voie de référendum.

Article 215 Les traités et accords internationaux régulièrement conclus ont, dès leur publication, une autorité supérieure à celle des lois, sous réserve pour chaque traité ou accord, de son application par l'autre partie.

Article 216 Si la Cour constitutionnelle consultée par le Président de la République, par le "Premier ministre, le Président de l'Assemblée nationale ou le Président du Sénat, par un dixième des députés ou un dixième des sénateurs, déclare qu'un traité ou accord international comporte une clause contraire à la Constitution, la ratification ou l'approbation ne peut intervenir qu'après la révision de la Constitution.
Article 217 La République Démocratique du Congo peut conclure des traités ou des accords d'association ou de communauté comportant un abandon partiel de souveraineté en vue de promouvoir l'unité africaine. 55

TITRE VII :
DE LA REVISION CONSTITUTIONNELLE

Article 218 L'initiative de la révision constitutionnelle appartient concurremment: 1. au Président de la République ; 2. au Gouvernement après délibération en Conseil des ministres ; 3. à chacune des Chambres du Parlement à l'initiative de la moitié de ses membres ; 4. à une fraction du peuple congolais, en l'occurrence 100.000 personnes, s'exprimant par une pétition adressée à l'une des deux Chambres. Chacune de ces initiatives est soumise à l'Assemblée nationale et au Sénat qui décident, à la majorité absolue de chaque Chambre, du bien-fondé du projet, de la proposition ou de la pétition de révision. La révision n'est définitive que si le projet, la proposition ou la pétition est approuvée par référendum. Toutefois, le projet, la proposition ou la pétition n'est pas soumis au référendum lorsque l'Assemblée nationale et le Sénat réunis en Congrès l'approuvent à la majorité des trois cinquièmes des membres les composant.
Article 219 Aucune révision ne peut intervenir pendant l'état de guerre, l'état d'urgence ou l'état de siège ni pendant l'intérim à la Présidence de la République ni lorsque l'Assemblée nationale et le Sénat se trouvent empêchés de se réunir librement.

Article 220 La forme républicaine de l'Etat, le principe du suffrage universel, la forme représentative du Gouvernement, le nombre et la durée des mandats du Président de la République, l'indépendance du pouvoir judiciaire, le pluralisme politique et syndical, ne peuvent faire l'objet d'aucune révision constitutionnelle. Est formellement interdite toute révision constitutionnelle ayant pour objet ou pour effet de réduire les droits et libertés de la personne ou de réduire les prérogatives des provinces et des entités territoriales décentralisées. 56

TITRE VIII :
DES DISPOSITIONS TRANSITOIRES ET FINALES

Article 221 Pour autant qu'ils ne soient pas contraires à la présente Constitution, les textes législatifs et réglementaires en vigueur restent maintenus jusqu'à leur abrogation ou leur modification.

Article 222 Les institutions politiques de la transition restent en fonction jusqu'à l'installation effective des institutions correspondantes prévues par la présente Constitution et exercent leurs attributions conformément à la Constitution de la Transition. Les institutions d'appui à la démocratie sont dissoutes de plein droit dès l'installation du nouveau Parlement. Toutefois, par une loi organique, le Parlement pourra, s'il échet, instituer d'autres institutions d'appui à la démocratie.

Article 223 En attendant l'installation de la Cour constitutionnelle, du Conseil d'Etat et de la Cour de cassation, la Cour suprême de justice exerce 'les attributions leur dévolues par la présente Constitution.

Article 224 En attendant l'installation des juridictions de l'ordre administratif, les Cours d'appel exercent les compétences dévolues aux Cours administratives d'appel.

Article 225 La Cour de sûreté de l'Etat est dissoute dès l'entrée en vigueur de la présente Constitution.

Article 226 57 Les dispositions de l'alinéa premier de l'article 2 de la présente Constitution entreront en vigueur endéans trente-six mois qui suivront l'installation effective des institutions politiques prévues par la présente Constitution. En attendant, la République Démocratique du Congo est composée de la ville de Kinshasa et de dix provinces suivantes dotées de la personnalité juridique: Bandundu, Bas-Congo, Equateur ; Kasaï-Occidental, Kasaï-Oriental, Katanga, Maniema, Nord-Kivu, Province Orientale, Sud-Kivu.

Article 227 Les provinces telles qu'énumérées par l'article 2 de la présente- Constitution constituent les circonscriptions électorales des sénateurs de la première législature. La loi électorale détermine les conditions d'attribution d'un quota additionnel à la ville de Kinshasa pour les élections des sénateurs.

Article 228 Sans préjudice des dispositions de l'article 222 alinéa 1, la Constitution de la Transition du 04 avril 2003 est abrogée.

Article 229 La présente Constitution, adoptée par référendum, entre en vigueur dès sa promulgation par le Président de la République.

Fait à Kinshasa, le 18 février 2006

Joseph KABILA

Président de la République Démocratique du Congo

Table des matières

L'HARMATTAN, ITALIA
Via Degli Artisti 15; 10124 Torino

L'HARMATTAN HONGRIE
Könyvesbolt ; Kossuth L. u. 14-16
1053 Budapest

ESPACE L'HARMATTAN KINSHASA
Faculté des Sciences sociales,
politiques et administratives
BP243, KIN XI
Université de Kinshasa

L'HARMATTAN CONGO
67, av. E. P. Lumumba
Bât. – Congo Pharmacie (Bib. Nat.)
BP2874 Brazzaville
harmattan.congo@yahoo.fr

L'HARMATTAN GUINÉE
Almamya Rue KA 028, en face du restaurant Le Cèdre
OKB agency BP 3470 Conakry
(00224) 60 20 85 08
harmattanguinee@yahoo.fr

L'HARMATTAN CAMEROUN
BP 11486
Face à la SNI, immeuble Don Bosco
Yaoundé
(00237) 99 76 61 66
harmattancam@yahoo.fr

L'HARMATTAN CÔTE D'IVOIRE
Résidence Karl / cité des arts
Abidjan-Cocody 03 BP 1588 Abidjan 03
(00225) 05 77 87 31
etien_nda@yahoo.fr

L'HARMATTAN MAURITANIE
Espace El Kettab du livre francophone
N° 472 avenue du Palais des Congrès
BP 316 Nouakchott
(00222) 63 25 980

L'HARMATTAN SÉNÉGAL
« Villa Rose », rue de Diourbel X G, Point E
BP 45034 Dakar FANN
(00221) 33 825 98 58 / 77 242 25 08
senharmattan@gmail.com

L'HARMATTAN TOGO
1771, Bd du 13 janvier
BP 414 Lomé
Tél : 00 228 2201792
gerry@taama.net

Achevé d'imprimer par Corlet Numérique - 14110 Condé-sur-Noireau
N° d'Imprimeur: 89832 - Dépôt légal: juillet 2012 - *Imprimé en France*

www.ingramcontent.com/pod-product-compliance
Lightning Source LLC
LaVergne TN
LVHW051402061026
849535LV00009B/3320
* 9 7 8 2 2 9 6 9 6 3 9 3 1 *